CONQUISTA DE LA PAMPA
CUADROS DE LA GUERRA DE FRONTERA

CONQUISTA DE LA PAMPA
CUADROS DE LA GUERRA
DE FRONTERA

Manuel Prado

Estudio preliminar: María Rosa Lojo

Nueva
Dimensión
Argentina

dirigida por **Gregorio Weinberg**

taurus

taurus

© Manuel Prado
© De esta edición: Aguilar, Altea, Taurus, Alfaguara S. A., 2005
Av. Leandro N. Alem 720, (1001) Buenos Aires
www.alfaguara.com.ar

ISBN: 987-04-0100-7

Hecho el depósito que indica la ley 11.723
Impreso en la Argentina. *Printed in Argentina*
Primera edición: mayo de 2005

Diseño de cubierta: Claudio Carrizo
Ilustración de cubierta: Ángel Della Valle, *La banda lisa*,
óleo sobre tela, 87,5 x 117, c. 1897.

Una editorial de Grupo Santillana que edita en:
Argentina - Bolivia - Brasil - Colombia - Costa Rica - Chile -
Ecuador - El Salvador - España - EE.UU. - Guatemala -
Honduras - México - Panamá - Paraguay - Perú - Portugal -
Puerto Rico - República Dominicana - Uruguay - Venezuela

Prado, Manuel
La conquista de la pampa- 1a ed. - Buenos Aires : Aguilar, Altea, Taurus,
Alfaguara, 2005.
176 p. ; 22x13 cm. (Nueva dimensión Argentina)

ISBN 987-04-0100-7

1. Historia Argentina I. Título
CDD 982.

ÍNDICE

ESTUDIO PRELIMINAR

¿Quién fue Manuel Prado, mejor conocido, en tanto autor, por "Comandante Prado", como si el grado militar que alcanzó se hubiese convertido en otro "nombre propio"? Tal vez ello se deba a que su vida, o lo más importante de ella, se confunde con el Ejército Argentino, que se constituyó muy pronto en su único hogar, apenas iniciada la pubertad.

El mes de mayo de 1877, un muchachito que no ha cumplido aún los catorce años llega a la Estación del Parque. Allí queda en manos de un oficial, el alférez Requejo, que regresa con un sargento y dos soldados al fortín de Trenque Lauquen. ¿Lo llevan la vocación, el afán de aventuras, los sueños románticos? Nada de eso. "Mi padre, que había creído descubrir en mí los caracteres de un guerrero, me encajó de cadete, por no meterme de fraile, y, para que me ganase en buena ley los galones, eligió para mi debut un regimiento que se hallaba en la frontera, primera línea."[1] El comentario del alférez, que comienza a darle charla al joven aspirante a la altura de la Estación de Flores, no refrenda, por cierto, esa ajena decisión: "Su padre es un salvaje, y no sabe lo que es canela [...] Allá va

---

1   Comandante Prado, *La guerra al malón*, Buenos Aires, Eudeba, 1979 (1ª Ed., 1907), pp. 17-18.

a tener que hamacarse y sudar sangre. He visto llorar hombres... para cuánto más un chico... ¡La gran flauta! Si yo fuera Rosas, lo haría venir a su padre con nosotros, y ya vería lo que son pastillas".[2] Pero el caso de Prado no era tan raro, después de todo, en una época en la que se pasaba, casi sin transiciones, de la niñez a la adultez. Los niños, valiosos sólo en tanto eran adultos en germen, solían ser enviados, aun muy pequeños, a estudiar como pupilos en lugares distantes. El "descubrimiento del niño" como tal, con sus derechos y sus restricciones especiales, es relativamente tardío.[3] Hacia 1877 ese cambio en la sensibilidad ya se estaba consolidando (de ahí quizá la crítica observación de Requejo), pero situaciones como la vivida por el autor aún eran factibles, y no sólo en nuestro país. La iniciación del cadete argentino se parece llamativamente a la del inglés Ignacio H. Fotheringham, que luego combatiría a las órdenes de Julio A. Roca. Nativo de Southampton (donde conoció al exiliado Juan Manuel de Rosas), Fotheringham fue enviado por sus padres a la India Oriental en 1858, para que se formase como guardiamarina, con apenas quince años y, según dice él mismo, "con menos ropa que un soldado de línea",[4] a pesar del relativo bienestar económico y la alcurnia de su familia, a tal punto que, para sobrellevar los calores del

---

2   Comandante Prado. *op. cit.*, p. 19.
3   El historiador José Pedro Barrán discrimina las dos épocas como la de la "sensibilidad bárbara" y la "sensibilidad civilizada" (a partir de 1860). Véase J. P. Barrán, "El descubrimiento del niño", en *Historia de la sensibilidad en el Uruguay*, tomo 2: *El disciplinamiento (1860-1920)*, Montevideo, Ediciones de la Banda Oriental, Facultad de Humanidades y Ciencias, 1991 (1ª ed. 1990), pp. 101-124.
4   Ignacio H. Fotheringham, *La vida de un soldado o reminiscencias de las fronteras*, primera parte, Buenos Aires, Círculo Militar, Biblioteca del Oficial, colección Historia, 1970, p. 42.

Ecuador, tuvo que hacerse él mismo un saco con una sábana.

El equipo con el que Prado se dispone a emprender la "gloriosa y facilísima carrera" que había entrevisto su padre era, justamente, el del "soldado de línea" en la frontera, y constaba de "una chaquetilla y un pantalón, tan grandes para mi cuerpo, que bien podría sacar de ellos uniforme y medio; dos camisas y dos calzoncillos de lienzo, un poncho roto y sucio, una manta en no mejores condiciones; una carabina [...] un sable de colosales dimensiones para mi talla y de peso descomunal para mis puños; una montura compuesta de lomillos, carona y cincha, un freno y un par de estribos".[5]

Prado vivió, aún adolescente, los años de la campaña de Roca. Estuvo en Trenque Lauquen con el legendario coronel Villegas, marchó a Salinas Chicas y llegó hasta Choele-Choel en 1879. También actuó en el Puente Maldonado y en Goya. Fue ascendido a alférez en 1880. En el año 1883 se retiró por un año del ejército, para reincoporarse luego al Regimiento 1º de línea. Tuvo varios ascensos, hasta llegar al grado de teniente coronel (1897), y ocupó algunas funciones de importancia (en la Junta Superior de Guerra, en el Estado Mayor, como secretario). Pidió su retiro en 1898, después de casi veintiún años de servicio: poco más de diez en campaña y otros tantos en guarnición. Sus libros más conocidos se ocupan de la Campaña del Desierto: lo que vio y actuó, como testigo partícipe, y lo que escuchó de otros. Las hazañas se repiten y se reflejan en un tiempo fundante y lejano, como el del mito, que sólo el relato puede actualizar, para recordarles admonitoriamente a los olvidadizos habitan-

5   Comandante Prado, *op. cit.*, p. 51.

tes del nuevo país próspero que en las tumbas sin nombre de la "tierra adentro" se hallan las bases de la "Argentina nación".[6] Prado fue también subprefecto del puerto de Zárate y se desempeñó como periodista en *La Nación, El Diario* y *La Tribuna.* Además de *La guerra al malón (1877-1879)* y *Conquista de la pampa; cuadros de la guerra de frontera (1876-1883),* publicó algunos otros libros y opúsculos.[7] Falleció en Rosario el 19 de junio de 1932.

La "guerra de fronteras" después de la caída de Juan Manuel de Rosas

La guerra secular que desde la conquista española se llevó a cabo —con intermitencias, pactos y treguas diversas— entre las naciones aborígenes del vasto Sur argentino (de origen tehuelche, pampa y mapuche) y el país hispanocriollo (menor en su extensión que el efectivamente ocupado por las comunidades indígenas libres) da un giro fundamental en los años posteriores a la caída de Juan Manuel de Rosas. Éste había proyectado

6 Comandante Prado, *op. cit.,* p. 141.
7 Germán García, en su estudio preliminar de *Conquista de la pampa,* Buenos Aires, Hachette, colección El Pasado Argentino, dirigida por Gregorio Weinberg, 1960, p. 62, proporciona los siguientes títulos: *Instrucción militar.* Buenos Aires, J. A. Berra, 1897; *Campaña del Desierto,* conferencia dada el 24 de mayo de 1920 en el Club de Gimnasia y Esgrima, Buenos Aires, Monkes, 1920; *Capítulo final de la Conquista del Desierto,* Buenos Aires, Biblioteca de la Liga Patriótica Argentina, 1925; *Cuarenta años de la vida militar; rasgos biográficos del coronel D. Eduardo Munilla,* Buenos Aires, Establecimiento Gráfico Centenario, 1913; *La ocupación del Desierto,* Buenos Aires, Biblioteca de la Liga Patriótica Argentina, 1925; *La ocupación del río Negro; expedición realizada por el ministro de la guerra,* conferencia leída en el Círculo Militar, Buenos Aires, Establecimiento Tipográfico, 1900.

una expedición al desierto (1833-1834) organizada en tres alas (derecha, centro e izquierda, esta última bajo su dirección personal), que arrojó algunos resultados apreciables: extendió la frontera en los extremos Norte y Sudoeste de la provincia de Buenos Aires, haciéndola pasar por el oeste de Bahía Blanca, Médano Redondo y Carmen de Patagones. Se hizo la paz con las comunidades del sudoeste de Buenos Aires y sur del río Negro, y también con los tehuelches; se formaron guarniciones en la isla Choele-Choel y en las márgenes del río Negro. Durante su segundo gobierno (1835-1852), Rosas trató "de potencia a potencia" con el nuevo jefe de la confederación indígena, el cacique chileno Juan Calfucurá,[8] establecido como máxima autoridad en Salinas Grandes a partir de 1835. Este jefe, gran político y guerrero de inteligencia sobresaliente, según lo recuerda su cautivo y secretario, el francés Auguste Guinnard,[9] había aniquilado a los caciques voroganos que ocupaban las salinas y había sabido aliarse luego con la inmensa mayoría de las

8 Se dijo que el mismo Juan Manuel de Rosas había mandando llamar a Calfucurá (versión basada en una carta del cacique al coronel Cornel) para neutralizar y controlar mejor las fuerzas aborígenes, pero las publicaciones más recientes han mostrado la endeblez de esta hipótesis, contrarrestada tanto por otras cartas del mismo Calfucurá como por el ex cautivo Santiago Avendaño, cuyas memorias publicó recientemente Meinrado Hux. Véase al respecto Jorge O. Sulé, *Rosas y sus relaciones con los indios*, Buenos Aires, Instituto de Investigaciones Históricas Juan Manuel de Rosas, colección Estrella Federal, 2003, pp. 162-167 y cap. VII especialmente; P. Meinrado Hux, *Memorias del ex cautivo Santiago Avendaño (1834-1874)*, Buenos Aires, El Elefante Blanco, 1999, cap. I ("Origen de la hegemonía de Calfucurá en la Pampa"), pp. 29-60.

9 En su libro *Trois ans d'esclavage chez les Patagons. Récit de ma captivité*, París, Brunet, 1864. Similar opinión tiene de él Avendaño en su citado libro: "Con razón debemos creer que Calfucurá, aun siendo indio, ha sido y es un genio..." (p. 52).

parcialidades indígenas, que lo reconocían como repre-
sentante. Rosas, quien propendía a la lenta asimilación de
los aborígenes a la sociedad cristiana rural, y que tenía él
mismo empleados indígenas en sus estancias, mantuvo
una política pacifista sostenida en buena medida mediante entregas periódicas, por parte del gobierno, de hacienda y bienes de consumo a estas comunidades, y también
mediante el estímulo al comercio entre las etnias nativas y
las poblaciones cristianas. Hubo, pues, una calma relativa
en la frontera hasta 1852, con la excepción de la belige-
rancia sostenida por los ranqueles de la pampa central, en
particular por la parcialidad que acaudillaba Manuel
Baigorria,[10] militar unitario que se mantuvo exiliado en
las tolderías durante veinte años y combatió obstinada-
mente contra Rosas en todo ese período; las provincias de
Córdoba y San Luis sufrieron frecuentes malones a partir
de 1834.

Luego de la caída del Gobernador de Buenos Aires,
derrotado por el Ejército Grande que acaudilla un antiguo
aliado suyo, Justo José de Urquiza, los caciques pampas
antes "amigos" como Catriel y Cachul se niegan a reconocer a las nuevas autoridades. Otro tanto hace Calfucurá,
quien da por concluidas todas sus anteriores obligaciones
con el gobierno *huinca*.[11] Vale la pena reproducir un fragmento del colorido discurso (transmitido por Avendaño)
que da cuenta de su reacción ante los cambios:

---

10 Manuel Baigorria dejó escrito un imprescindible testimonio de la vida en
la frontera. Véase *Memorias* (prólogo de Félix Luna), Buenos Aires,
Hachette, colección El Pasado Argentino, 1975.

11 "Huinca": de afuera, extranjero, palabra que los aborígenes del tronco
mapuche aplicaban a españoles, a criollos y a todo el que consideraban
miembro de la sociedad blanca cristiana.

¡Oh, aquí tiene mi *chocuom* [sobrino][12] la recompensa de los cristianos! ¡Los unitarios, tan pobres y tan débiles, son tan camorreros! No bien han conseguido voltear a Rosas, ya se han enfurecido con todos, como si sólo ellos fuesen hijos de Dios. Quieren acabar con todos para quedar ellos solos. Estoy seguro de que esos no son más que unos perros hambrientos, que se han hecho bravos porque ven aumentarse sus fuerzas. A estar en lo cierto lo que me han contado, los unitarios han despedazado cuanto había tenido Juan Manuel de Rosas. Se han repartido su plata, sus vacas, hasta sus pavos, las gallinas y los patos. Y como nosotros hemos sido amigos de él, querrán acabar también con nosotros, creyéndonos propiedad de Rosas. [...] ¡Ah! ¿Y nos hemos de fiar de tanto pillo, que ha venido a desahogarse aquí, después de andar en tierra ajena. Juan Manuel ha durado en el gobierno muchos años y jamás trató de traicionar a nadie.

El nuevo mapa político conlleva también, en un principio, el retroceso de la línea de fronteras a la situación de 1828, de tal manera que poblaciones como Rojas, Junín, Tapalqué, 25 de Mayo, Carmen de Patagones, Bragado, Azul, Tandil, Bahía Blanca, quedan expuestas a los malones. El reemplazo de los militares ya experimentados en la frontera por otros jefes que carecían de conocimiento del terreno también influyó negativamente en las posibilidades de contener las fuerzas aborígenes.[13]

---

12 Se refiere a Catriel, quien había sido invadido por las fuerzas de Mitre en 1855. Calfucurá le ofrece entonces su concurso en la guerra.

13 Para toda la documentación referente a la guerra de fronteras desde los primeros asentamientos españoles en el Río de la Plata, véase Juan Carlos Walther, *La conquista del desierto. Síntesis histórica de los principales sucesos*

A estas dificultades se agregan las que provienen del conflicto entre Buenos Aires y las provincias, que comienza con la revolución de Alsina (11 de setiembre de 1852) contra la autoridad de Urquiza, y que se extiende (aun después de la batalla de Pavón, en 1861, que da la victoria a Bartolomé Mitre) durante muchos años, hasta la definitiva consagración de Buenos Aires como capital de la República en 1880. La discordia interna y también la externa (guerra de la Triple Alianza contra el Paraguay entre 1865 y 1870) impiden a los gobiernos dedicar efectivos suficientes a la guerra de fronteras. Manuel Baigorria —devuelto a la vida militar en la sociedad cristiana después de Caseros— abandona su sociedad con los ranqueles e involucra a su suegro, el cacique vorogano Ignacio Coliqueo, en los conflictos civiles de los *huincas*. Por lo demás, las comunidades regidas por Calfucurá y los grupos ranqueles siguen organizando malones muy a menudo exitosos. Juan Catriel y otros jefes pampas vuelven a establecer periódicas treguas e incluso alianzas militares con los cristianos, pero esto no garantiza la paz en las fronteras. En 1867, aún bajo la presidencia de Bartolomé Mitre, una ley ordena extender la ocupación de las tierras hasta el río Negro. En 1869 se explora la isla Choele-Choel, pero la alarma suscitada entre los aborígenes por esta medida y las consiguientes advertencias al gobierno *huinca* determinan su evacuación por parte del Ejército. La frontera, no obstante, avanza desde el río Cuarto al río Quinto, durante la subcomandancia de Lucio V. Mansilla en Córdoba, y también se adelanta en San Luis, Santa Fe y el norte de Buenos Aires. Para la literatura argentina éste

---

ocurridos y operaciones militares realizadas en La Pampa y Patagonia, contra los indios (años 1527-1885), Buenos Aires, Eudeba, 1980.

será un año clave: el coronel Mansilla escribe el testimonio de su "excursión" a las tolderías del cacique Mariano
Rosas (que debía este nombre cristiano a su condición de
ahijado del Restaurador, tío de Mansilla) con el objeto
de firmar un tratado de paz. Su libro, donde los aborígenes aparecen como seres plenamente humanos y como
sujetos de cultura, ofrece una imagen diferente, más allá
de las habituales "demonizaciones literarias" de estos pueblos originarios, a los que solía verse sólo desde afuera, en
calidad de enemigos irreductibles.

En 1870, una avanzada de enorme envergadura
dirigida por Calfucurá sobre Tres Arroyos muestra la precariedad de los progresos. Otro malón de su hijo Namuncurá sobre Bahía Blanca, el mismo año, profundiza la
ofensiva. Tampoco el tratado con Mariano Rosas dura mucho.[14] Con todo, en 1872 comienza claramente el ocaso
de la confederación indígena. Calfucurá sufre un durísi-
mo revés en San Carlos. Mariano Rosas, cercado, solicita
nuevos tratados en condiciones desventajosas; el indomable jefe pampa Pincén es batido y huye. Por fin, el 4 de junio de 1873 Juan Calfucurá, casi centenario, muere en
Chiloé. Deja un testamento que es un mandato ("No entre-
gar Carhué al *huinca*") y un sucesor, convalidado por el
parlamento indígena: Namuncurá, de sesenta y dos años,
que encabezará la etapa final de cuatro siglos de resistencia.

---

14 Los motivos de las rupturas de tratados son siempre objeto de acusacio-
nes mutuas entre cristianos e indígenas. En este caso, los mismos funda-
mentos del tratado que Mariano Rosas firma con Mansilla eran trampo-
sos, ya que seguía vigente la ley que ordenaba extender las fronteras hasta
el río Negro y por lo tanto el Parlamento no podía reconocer a los ranqueles las tierras que el tratado les concedía. De acuerdo con las investigaciones del historiador riocuartense Carlos Mayol Laferrère, por lo
demás, la responsabilidad de la ruptura de este convenio recayó sobre los
blancos y no sobre la comunidad ranquelina.

Durante la presidencia de Nicolás Avellaneda (1874-1880), Adolfo Alsina, nuevo ministro de Guerra, diseña un plan de ocupación y defensa que consigue arrinconar cada vez más a las comunidades al sur del río Colorado. Alsina planea extender la frontera hasta Carhué, Guaminí, Trenque Lauquen e Italó. Una enorme y desesperada sublevación conjunta de Juan José Catriel,[15] Namuncurá, Baigorrita, Pincén, más mil mapuches chilenos, hizo tambalear los propósitos de avanzada, pero al cabo de una lucha de tres meses y de cinco grandes combates los aborígenes debieron replegarse. Cinco grandes divisiones: la del Sur o de Carhué; la Costa Sur o de Puán; la Oeste o de Guaminí; la Sur de Santa Fe o de Italó y la Norte de Trenque Lauquen, controlarán de aquí en adelante la frontera. En esta última, bajo las órdenes del coronel Conrado Villegas, prestará servicio el joven cadete Prado.

Para el resguardo de la frontera sur, Alsina idea un recurso que provocará, entre sus contemporáneos, no pocas invectivas satíricas: se trata de la famosa "zanja de Alsina", mediante la que planea unir Bahía Blanca con el sur de Córdoba. En este foso —suponía— iban a tropezar las veloces cabalgaduras de los invasores, o por lo menos la hacienda robada, que ya no podrían arrear con facilidad. La zanja nunca llega a completarse y su efectividad resulta relativa.[16] De todas maneras, a la muerte de

---

15 Hijo de Juan Catriel, y sucesor de su hermano Cipriano, a quien él mismo había hecho ajusticiar por haberse plegado éste a la revolución de Mitre contra Avellaneda luego de las elecciones presidenciales.

16 Para su trazado y seguimiento se convoca al ingeniero francés Alfredo Ebelot, autor de los libros *La pampa. Costumbres argentinas*, Buenos Aires, *Pampa y Cielo*, 1965 (este último fue reeditado por Taurus en la colección Nueva Dimensión Argentina, dirigida por Gregorio Weinberg) y *Frontera Sur, recuerdos y relatos de la campaña del desierto*, Buenos Aires, Kraft, 1968.

Alsina en 1877, su gestión deja un saldo positivo para el gobierno nacional. La mayoría de las comunidades se han retraído. Algunos caciques ranqueles y pampas (Linconao, Villarreal, Ramón, Manuel Grande, Tripalao) se han entregado voluntariamente. Posteriores invasiones de los que siguen resistiendo, durante 1876 y 1877, son rechazadas, y comienzan a aplicarse técnicas ofensivas, como la avanzada de Villegas sobre los toldos de Pincén, en noviembre de 1877, que Prado relata en su libro. Cada vez más aisladas, sin medios de subsistencia —al perder los mejores territorios de pastos y aguadas—, las comunidades indígenas beligerantes ven disminuir aceleradamente sus posibilidades de autonomía.

El terreno está preparado para la fulminante campaña de Roca, varios de cuyos episodios se incluyen en la presente obra.

Debates sobre la "cuestión aborigen" a fines del siglo XIX

Los aborígenes han sido en la historia argentina una presencia continua y multiforme, ya sea como pueblos conquistados, cristianizados e incorporados a una sociedad mestiza, o bien como etnias que se negaron a la asimilación cultural y a la subordinación y que invadieron recurrentemente el territorio ocupado por los blancos; también lucharon en las invasiones inglesas, apoyaron la Independencia o participaron en uno y otro bando de las guerras civiles.[17] Sin embargo, tanto la literatura de fic-

---

17 Me ocupé detalladamente del tema en el trabajo "Los aborígenes en la construcción de la imagen identitaria nacional en la Argentina", en *Alba de América*, Nª 43 y 44, vol. 23, julio de 2004, pp. 131-150. Para la par-

ción como el ensayo o la misma historiografía han sido tenazmente refractarios a incluir la raíz aborigen como elemento fundador de la nacionalidad, al lado del elemento hispánico y de la inmigración europea. Hubo algunos conatos efímeros de reconocimiento oficial en los albores de la Independencia, cuando hasta se pensó en colocar en el trono a un descendiente de los incas, y el Incario fue rememorado en el mismo Himno Nacional. Pero desde que la Argentina posterior a Caseros se lanzó, con altibajos y retrocesos, hacia la modernización orquestada dentro de un proyecto liberal-burgués, el destino de las comunidades aborígenes estuvo sellado. Serían borradas, no sólo físicamente, en tanto se opusiesen a una civilización que necesitaba sus tierras, sino también simbólicamente, en el imaginario colectivo, donde quedarían asociadas como fuerzas disolventes, inhumanas, destructivas, a las salvajes figuras de nuestros poemas inaugurales, desde *La cautiva* al *Martín Fierro*.

Como lo señala Enrique Anderson Imbert, en muchos países hispanoamericanos la literatura romántica y prerromántica tendió a la idealización del indio (por lo general se trataba de un indio convenientemente remoto, situado en la conquista o en la colonia).[18] Pero en nuestra

---

ticipación *histórica* de los indígenas en los mencionados procesos y acontecimientos, véanse Busaniche, José Luis, *Estampas del pasado I. Lectura de historia argentina*, Buenos Aires, Hachette, 1959, pp. 212-213 (llegada de los caciques pampas al Cabildo de Buenos Aires, donde se los agasajó y se les agradeció su actitud frente a las invasiones inglesas); Hernández, Isabel, *Los indios de Argentina*, colección Pueblos y Lenguas Indígenas, 4, Cayambe (Ecuador), 1995 (2ª edición), p. 201; Martínez Sarasola, Carlos, *Nuestros paisanos, los indios. Vida, historia y destino de las comunidades indígenas en la Argentina*, Buenos Aires, Emecé, 1992, *passim*.

18 Enrique Anderson Imbert, *Historia de la literatura hispanoamericana. I. La Colonia. Cien años de República*, México, Fondo de Cultura Económica, 1970 (segunda edición corregida y aumentada), p. 240.

literatura del siglo XIX la configuración del aborigen es
casi uniformemente negativa y hostil, salvo algunas
excepciones, como el caso de Lucio V. Mansilla en *Una excursión a los indios ranqueles* (1870), y salvo también las
voces marginales de las escritoras (Juana Manuela Gorriti,
Eduarda Mansilla, Rosa Guerra),[19] no incorporadas a la
gran corriente canónica, atentas a la fascinación del "otro"
y a las tensiones del mestizaje, que supieron vincular la
condición de los aborígenes y la condición de las mujeres
(aun dentro de la sociedad "civilizada") en lo que tenían
de común: la subalternidad y la exclusión disvalorativa
con respecto a los parámetros de la *ratio* occidental.[20]

Como lo ha probado Hugo Biagini,[21] a pesar de la
corriente negadora predominante, ya desde los tiempos

19 He trabajado sobre esta cuestión en la conferencia: "Escritoras argentinas
    (siglo XIX) y etnias aborígenes del Cono Sur", XXII Simposio
    Internacional de Literatura, Instituto Literario y Cultural Hispánico de
    California, Asunción, Paraguay, 4 al 9 de agosto de 2003; en prensa en
    Actas, accesible en www.mariarosalojo.com.ar.

20 Los bárbaros —de etnia y de clase— (indios, gauchos, sectores popula-
    res en general), los niños y adolescentes y las mujeres (bárbaros etarios
    y bárbaras "por naturaleza") serán el objeto preferido de *domesticación*,
    control y *vigilancia* en el nuevo orden instaurado por el proceso moder-
    nizador en el Río de la Plata. Véase José Pedro Barrán, *Historia de la*
    sensibilidad en el Uruguay, La cultura "bárbara" (1800-1860), tomo I:
    Montevideo, Facultad de Humanidades y Ciencias, 1990, y *El discipli-*
    namiento (1860-1920), op. cit. Desde esta "razón masculina" lo femenino
    (como los pueblos "primitivos", hijos de la Naturaleza) es percibido,
    entonces, con más fuerza que nunca, como peligroso, misterioso, se-
    creto, y también como impuro, en sus vínculos materiales y viscerales
    con el cuerpo y la fecundidad.

21 Véase Hugo Biagini, "El surgimiento del indigenismo", *Cómo fue la gene-*
    ración del 80, Buenos Aires, Plus Ultra, 1980, pp. 47-103. Me baso en la
    valiosa información proporcionada por Biagini para trazar sobre ella las
    líneas de este resumen panorámico. Ver mi trabajo "La raíz aborigen
    como imaginario alternativo", en Hugo Biagini y Andrés Roig (eds.) *El*
    pensamiento alternativo en la Argentina del siglo XX. Identidad, utopía, inte-
    gración, Buenos Aires, Biblos, 2004, tomo 1: 1900-1930: 311-328.

coloniales y aun dentro de un contexto racista y positivista, a fines del siglo XIX hubo quienes estaban dispuestos a reivindicar el mestizaje, a considerar auspiciosamente la inclusión del aborigen como ciudadano en una sociedad civilizada que podría enriquecerse con su aporte, y a deplorar todo fanatismo exterminador. Esta reivindicación se ejerce desde diferentes ámbitos:

1) el parlamentario, donde hay legisladores que se muestran a favor de la incorporación integral de los aborígenes;[22]

2) el jurídico y sociológico, vinculado con el anterior y expresado académicamente en tesis doctorales que defienden los derechos de los indígenas. Dentro de este rubro cabe considerar también importantes trabajos, como los estudios de Miguel Garmendia (1901, 1908) sobre los indios de Misiones o el Informe de Juan Bialet Massé (1904) sobre la situación de los trabajadores chaqueños (en particular, la de los aborígenes);

3) el de la antropología y las ciencias naturales, que cuenta con científicos como Pedro Scalabrini y con exploradores científicos como Ramón Lista[23] o como el perito Francisco Moreno,[24] prontos a refutar la supuesta "infe-

---

22 Siempre se ha comentado en este sentido la llamativa actitud de Lucio V. Mansilla, quien, a pesar de haber escrito *Una excursión a los indios ranqueles*, se pronuncia años más tarde, como diputado, en contra de otorgar la ciudadanía a los indígenas. Cfr. Biagini, *op. cit.*, pp. 64-66.

23 Ramón Lista (1856-1897) dejó un vasto testimonio sobre sus numerosas exploraciones. Para el tema que nos concierne, uno de sus textos más importantes es *Los tehuelches, una raza que desaparece* (1ª ed., 1894), Buenos Aires, Confluencia, 1998, verdadero alegato contra el genocidio que se está perpetrando y del que Lista se niega a ser cómplice.

24 Moreno escribió sus recuerdos de viaje y convivencia con los indígenas en 1906. Su hijo los publicó en 1942. Existe edición reciente: *Reminiscencias*, con prólogo de Antonio Requeni, Buenos Aires, Secretaría de Cultura de la Nación-Devenir, colección Identidad Nacional, 1994.

rioridad ingénita" de los pueblos indígenas y a oponerse a
su aniquilamiento;

4) el militar, que no sólo contó con guerreros acé-
rrimos sino con personalidades lúcidas capaces de valorar
al enemigo y de preferir el acuerdo a la masacre, empe-
zando por el coronel Pedro Andrés García, expedicionario a Salinas Grandes en 1822. En esta línea cabe citar a
otro coronel, Álvaro Barros, primer gobernador del Territorio de la Patagonia,[25] o al mismo comandante Manuel Prado, en el presente libro y sobre todo en *La guerra
al malón*. Otros militares, desligados ya del "informe" oficial, ficcionalizaron sus experiencias en relatos donde los
paisanos gauchos (humildes soldados rasos), y también a
veces los indios, lejos de ser mirados con la distancia del
desprecio, son objeto de admiración simpática;[26]

5) el eclesiástico, a través de las órdenes misionales
que polemizaron a menudo en favor de los aborígenes
con obtusas autoridades burocráticas y militares. La
reciente publicación de cartas del Archivo Franciscano de
Río Cuarto,[27] así como de textos históricos relacionados
con la obra misional en comunidades pampeanas,[28] dan

25 Álvaro Barros, *Fronteras y territorios federales de las pampas del sur*, Buenos
    Aires, Hachette, 1957; *Indios, frontera y seguridad interior*, Buenos Aires,
    Hachette, 1957.
26 Entre otros: Daza, José S., *Episodios militares* (1ª ed., 1908), Buenos Aires,
    Eudeba, 1975; Garmendia, Ignacio, *Cuentos de tropa*, Buenos Aires, Peuser,
    1891; Pechmann, Guillermo, *El campamento 1878. Algunos cuentos históricos
    de fronteras y campañas* (1ª ed., 1938), Buenos Aires, Eudeba, 1980.
27 Marcela Tamagnini, *Cartas de frontera. Los documentos del conflicto inter-
    étnico*, Río Cuarto, Universidad Nacional de Río Cuarto, Facultad de
    Ciencias Humanas, 1995.
28 La obra más completa al respecto, verdaderamente impresionante por su
    volumen documental, es el trabajo de Juan Guillermo Durán, *En los toldos de
    Catriel y Railef. La obra misionera del padre Jorge María Salvaire en Azul y
    Bragado, 1874-1876*, Buenos Aires, Universidad Católica Argentina,
    Facultad de Teología, 2002.

testimonio de esa constante labor mediadora. Pese a la dura problemática de la aculturación que todos los procesos catequísticos, aun los mejor intencionados, acarreaban,[29] la actitud de la Iglesia misionera se diferenciaba claramente de posiciones políticas y científicas que consideraban a los aborígenes como vándalos irredimibles, no ya sólo excluibles del cuerpo de la nación sino prácticamente de la condición humana;

6) el del periodismo, disperso en innúmeras publicaciones —diarios, revistas y folletos— y muy sujeto a los vaivenes políticos de la hora, de tal manera que el mismo José Hernández, luego autor poemático de terroríficas descripciones de las tolderías, defiende empero los derechos aborígenes a la vida y a las tierras desde el periódico *Río de la Plata* en 1869;[30]

7) el de las letras y humanidades (en particular la historia), que se acercó a menudo a un intento de comprensión empática de la cultura aborigen, como sucede en el decidido rescate practicado en *La tradición nacional* (1888)[31] de Joaquín V. González, que ensalza la "gran nación quichua" e incluso a los belicosos araucanos, a quienes considera poseedores de una "adelantada civilización". González cree que las tradiciones aborígenes están en la base del "genio de la raza", y que la literatura contemporánea debe recurrir a estas "fuentes puras de nuestras sociedades americanas" para alcanzar verdadera significación nacional y universal; en las evocaciones de *Mis montañas* (1893) reaparece, desde lo autobiográfico, la en-

29 Es contundente, al respecto, el libro de Adolfo Colombres, *La colonización cultural de la América indígena*, Buenos Aires, Ediciones del Sol, 1991.
30 Hugo Biagini, *op. cit.*, pp. 63-64.
31 Joaquín González, *La tradición nacional*, Buenos Aires, 1957. Véanse especialmente los apartados que dedica a las culturas quichua y araucana.

trañable supervivencia de la raíz indígena en la cultura popular. La obra de González, aunque no exenta de contradicciones internas, resulta en este sentido la más cercana a la labor posterior de Ricardo Rojas, que expandirá sistemáticamente sus tesis germinales.[32] El elogio de las razas autóctonas se halla también presente en los trabajos del franco-argentino Emilio Daireaux (entre otros, *Vida y costumbres en el Plata*, 1888); los viajeros provenientes de Europa, a veces ingenieros, científicos, comerciantes, hicieron asimismo su aporte,[33] y uno de los casos más notables es el ya citado de Alfred Ebelot —*La pampa. Costumbres argentinas*—, que incluye una decidida apología del mestizaje articulada en una historia de amor interracial. Algunos extraordinarios testimonios de primera mano sobre el mundo indígena, visto desde dentro, en la densidad de la convivencia, pertenecen a exiliados o cautivos criollos, aunque fueron publicados mucho después de su escritura, y desde luego con posterioridad al

32 Estos libros no representan, desde luego, *todo* el pensamiento del autor. En *El juicio del siglo* (1ª ed., 1910), los descendientes de esos mismos araucanos exaltados en *La tradición nacional* aparecen como "indiadas feroces", "monstruo que durante siglos devoró la savia y perturbó la paz de la nación entera...". Joaquín González, *El juicio del siglo*, Buenos Aires, CEDAL, 1979, p. 140.

33 Cabe citar, desde luego, en cuanto al papel fundacional de la mirada extranjera para nuestra literatura, el libro de Adolfo Prieto, *Los viajeros ingleses y la emergencia de la literatura argentina (1820-1850)*, Buenos Aires, Sudamericana, 1996. Véase también Christian Kupchik, *La ruta argentina. El país contado por viajeros y escritores*, Buenos Aires, Planeta, 1999. Entre otros libros de viajeros (segunda mitad del siglo XIX) podemos enumerar: Henri Armaignac, *Viajes por las pampas argentinas. Cacerías en el Quequén Grande y otras andanzas, 1869-1874* (1ª ed., 1883), Buenos Aires, Eudeba, 1976; William Mac Cann, *Viaje a caballo por las provincias argentinas* (1ª ed., 1853), prólogo de José Luis Busaniche, Buenos Aires, Taurus, colección Nueva Dimensión Argentina, 2001.

período que nos ocupa, como es el caso de las *Memorias* de Manuel Baigorria (editadas por primera vez en la *Revista de la Junta de Estudios Históricos de Mendoza*, en 1938) o las de Santiago Avendaño, recientemente dadas a la prensa por Meinrado Hux, según ya apuntamos.

En suma: cabe señalar, en estas aproximaciones reivindicatorias, sostenidas desde diferentes lugares, los siguientes puntos comunes:

1) afirmación de ciertos *derechos* del indígena: a la vida, a la ciudadanía, a la educación (esto no implicaba, desde luego, el reconocimiento de su derecho a las tierras que mantenían ocupadas, aunque muchos juristas e incluso parlamentarios sostuviesen que debía concedérseles un espacio propio);

2) afirmación de sus *valores* intelectuales, morales, espirituales, y de la posibilidad de desarrollarlos con la educación adecuada;

3) certidumbre de que podían ser *integrados* plenamente en la sociedad cristiana y civilizada. Desde luego, el precio de esa integración cívica implicaba, en general —más allá de apreciaciones positivas de tipo antropológico—, la renuncia a la *alteridad* cultural y religiosa. Homogeneizar diversidades perturbadoras bajo la égida de la civilización era el mandato de época, aun para aquellos que creían en la igualdad potencial de las razas. Cabe destacar la diferente apreciación del Joaquín V. González de los primeros libros, para quien esa "alteridad" indígena en realidad estaría ya confundida en el basamento de la misma identidad nacional.

En el ya citado libro de relatos de Guillermo Pechmann, una fotografía ejemplifica con la rotundidad de las imágenes los resultados que los adherentes a estas convicciones esperaban lograr. Se trata del retrato de un hombre joven, de fuertes rasgos indígenas, impecablemente peinado y trajeado, que posa de pie, tres cuartos de perfil, con un rollo (quizás un diploma) en la mano derecha. Bajo la foto, el texto dice lo siguiente: "Seferino Iancapán indio araucano, que hice bautizar en Codihue, el 24 de abril de 1884 por el Dr. Espinosa, Vicario General – y se le puso Eduardo Pechmann, lo traje a B/Aires se educó en el Colegio Negroto, lo tuve en Entre Ríos y luego lo llevé a Gral. Roca y se junto con sus padres" (*sic* en el original).[34]

Conquista de la pampa

Como lo adelantamos en el apartado anterior, el libro de Prado no es, ciertamente, el único en su género; se enmarca dentro de un contexto: el "relato militar" del que hemos mencionado unos cuantos ejemplos. Alguno

---

34 Guillermo Pechmann, aunque participó como joven militar en la campaña de Roca, está lejos de pintarla, en su relato, de color rosa. Narra deliberadamente episodios vergonzosos por parte de los que se decían emisarios de la cilivización, y así lo reafirma, en una carta que el autor ha adjuntado en el apéndice, su ex compañero de armas Proto Ordóñez: "...la captura del valiente cacique Purrán, efectuada por los medios y en la forma que Ud. refiere, resulta completamente inaceptable porque acusa una flagrante y deliberada violación de leyes y principios de ética inmutables que es imperioso cultivar, respetar y admirar. Mil veces hubiera sido preferible privarse del éxito y dudosa gloria de la captura del cacique recordado, realizada como Ud. la describe, con colores tan vivos e impresionantes [...] el camino tomado resultó demasiado tortuoso, completamente inadecuado para inspirar confianza en nuestra lealtad al enemigo y mucho menos para atraer a los viriles habitantes de la pampa que, al fin, eran genuinamente argentinos aunque incivilizados. Sucesos de esta clase debían forzosamente exacerbar la guerra, ya de suyo cruel, y llevarnos al resultado alcanzado: el exterminio de una raza varonil y fuerte, cuyos hijos habrían servido al país provechosamente. Ya no cabe sino deplorar tan funesto e irreparable error" (*op. cit.*, p. 85).

de estos libros tiene incluso la "marca de pluma" del escritor profesional, así el caso de Eduardo Gutiérrez, autor, entre tantas otras obras, de *Croquis y siluetas militares. Escenas contemporáneas de nuestros campamentos* (1886),[35] y oficial del ejército en su juventud. El antecedente más importante en el género es *Una excursión a los indios ranqueles* de Lucio V. Mansilla, a quien Prado cita, aunque no en su condición (actual) de "clásico" de la literatura argentina, sino como muestra del verdadero (o el más profundo) valor —no literario— del (para entonces) general Mansilla:

> El general Mansilla, diputado, escritor, hombre de mundo, puede ser de primera fila en una sociedad como ésta de la capital, pero su condición, su espiritualidad, su figura más o menos apuesta y bizarra, no valdría gran cosa en el espíritu de aquella tropa que hacía prodigios en la frontera.
>
> Es preciso seguirlo en su excursión a los indios ranqueles; es preciso leer el relato que hace de ella a los soldados en el fogón, para oírlos exclamar:
>
> ¡Ese general! (p. 78).

Claro que la voz narradora en *Conquista de la Pampa* no se construye sobre el modelo mansilliano. No se trata aquí de un jefe que cuenta hazañas o logros en primera persona, sino de alguien (entonces principiante en la vida castrense) que se oculta, modestamente, tras la materia relatada, y se asume como portavoz de un sujeto colectivo mudo. El cadete que presenció estos sucesos, los

---

35 Eduardo Gutiérrez, *Croquis y siluetas militares*, Buenos Aires, Hachette, 1956 (1ª ed., 1886).

oyó relatar o tuvo parte en ellos, subsume tácitamente en el vasto friso narrativo su propia "novela de formación".

¿Quién es ese sujeto colectivo, que no puede hacer oír su voz porque ya ha dejado la vida en el campo de batalla o porque quienes gozan de esos campos por él conquistados prefieren ignorarlo?

Es un ser múltiple, apto para todo, dispuesto a cualquier sacrificio, capaz tanto de empuñar la azada como el sable (aunque este libro destaca predominantemente la "epopeya guerrera"[36]). Un "tipo heroico" en extinción, que merecería entrar, como todos los héroes fundadores, en la leyenda, pero que sin embargo va siendo borrado de la memoria común, y del mismo territorio en el que ha entregado su vida:

> El milico de entonces, labrador, albañil y hasta arquitecto y bestia de carga en el campamento, se transformaba con rapidez fantástica, no en el veterano perfecto del ejército alemán, pero sí en el héroe disciplinado y temerario de cuyo rastro en el desierto apenas si quedan ya, perdidos entre los pajonales o destrozados por el tiempo, los restos de la cruz, sin inscripción, que señala en la pampa la sepultura de sus huesos.
>
> Aquella generación de soldados, cuyo esfuerzo levantaba en los toldos del indio pueblos y ciudades, va pasando, como ha pasado el gaucho de las llanuras porteñas, como ha pasado el fiero montaraz de las selvas entrerrianas, como pasa todo, sin dejar más huella que

---

36 El tópico del "ejército poblador y civilizador" queda introducido, pero sólo introducido. Tendrá mucho más desarrollo en *La guerra al malón* y en libros de otros autores, uno de ellos dedicado casi íntegramente al tema: Eduardo E. Ramayón, *Ejército guerrero, poblador y civilizador*, Buenos Aires, Eudeba, 1978 (1ª ed., 1921).

la del navío que cruza la inmensidad de los mares, llevando de uno a otro mundo los goces y dolores de razas apartadas por abismos y distancias colosales; pero a quienes el progreso acerca de tal modo que pueden hablarse al oído a través de los millares de leguas que las separan (p. 89).

El "progreso" por el cual los milicos han luchado se vuelve contra ellos como un bumerán. Las facilidades (y velocidades) que permite tienen un precio: la falta de huella, el olvido. A lo largo del texto, la lucha contra el olvido, la necesidad de dejar en efecto una huella, de marcar, con la letra, una suerte de inscripción fúnebre que sea epitafio, monumento, glorioso recordatorio, se vuelve el motor principal de la narración. El tópico de la reparación del olvido supera con creces al de la novela personal de formación, que adquirirá en cambio pleno desarrollo en el relato claramente autobiográfico de *La guerra al malón* (1907). Este tópico constante se suma al de la falta de reconocimiento, en el seno del mismo Ejército y en la esfera política; los encontramos por doquier a lo largo del libro (véanse páginas 80, 97, 103, 109, 117, 138, 143-144).

El *combate contra el olvido*, la proclamación del derecho a ser recordados requiere un andamiaje retórico-argumental que Prado despliega con eficacia: por un lado, la comparación ventajosa del anónimo soldado argentino con los héroes más destacados y prestigiosos de la épica tradicional. Así, en el episodio "El sargento Peralta" se cuenta primero cómo el sargento, analfabeto de privilegiada memoria, queda deslumbrado de admiración cuando el cadete Menéndez (para librarse de hacer guardia) le lee las "barrabasadas" de los Doce Pares de Francia. Luego se muestra cómo las cercanas y reales hazañas de este sargento ("sublime, grande, más bello que el héroe de la plebe romana, que Espartaco") han superado las lejanas e idealizadas de los Doce Pares. Comparaciones similares se repiten: "en vano se les quiere buscar rivales en la leyenda o en la fábula" (p. 76) y se afianzan con el relato de los hechos que las engendran. Sin embargo, nunca se toman, se queja Prado, estos ejemplos como modelos épicos: "He observado que cuando se quiere hablar de abnegación y de *estoicismo militar,* los eruditos apelan a historias extranjeras, y más que extranjeras, antiguas, cuando no dudosas" (p. 97), así como no parecen pesar en los currículos militares los combates contra los indios (p. 144). Leónidas en las Termópilas o Cambronne en Waterloo son exaltados por sobre Villegas, Levalle, Maldonado, Racedo, Lagos, Freire, a quienes Prado propone como las versiones locales de Alejandro o de Aquiles, más dignos de memoria porque sus hechos han cambiado la historia propia: "valen para nuestra historia militar —como recuerdo de heroísmo, como tradición de gloria— más, muchísimo más, que Troya con su Príamo y Grecia con su Aquiles" (pp. 97-98).

¿Cómo se mide la magnitud del heroísmo de estos soldados y jefes? Se destacan los actos individuales de desprecio al peligro: algunos loables, como el caso del soldado Paiva, que no deserta hasta haber mostrado su valor en la pelea del día siguiente, o menos dignos de emulación, como los soldados del fortín luego llamado "Desobedientes" que, en un desborde de confianza y temeridad, salen a campo abierto sin llevar las armas necesarias y prescritas, y pagan con la muerte heroica su "desobediencia". El teniente Nogueira, amigo personal del autor, herido en la pierna y sin escape posible, sigue peleando contra veinte indios secundado por un soldado raso que se niega a abandonarlo. La muerte adquiere una dimensión especialmente trágica y sublime porque se trata de una muerte presentida —Nogueira tiene, antes de salir, la certeza de que no volverá vivo de la expedición— y que pudo ser evitada sin deshonra (el teniente debió haberse quedado en Buenos Aires para atender graves asuntos de familia).

Por otra parte, la evaluación de la hazaña remite a la envergadura del enemigo que se enfrenta: a menudo superior en cantidad y en medios de ataque, y no inferior en cualidades guerreras.[37] Los combates memorables que Prado registra acusan una desproporción de fuerzas que coloca la exitosa defensa del Ejército en la categoría de lo fabuloso: así ocurre con el sargento Peralta, o en las desesperadas resistencias de Apulé, de Pulmarí y de Cumullú, donde "sólo tres hombres, un niño y un herido, tenían a raya a las ciento cincuenta lanzas más temibles de la Patagonia" ver: p. 137, asimetría que no les impidió matar a los temibles caciques Guaiquiñir y Millaqueo.

El heroísmo no sólo se ejerce contra los pares humanos, sino contra la fuerza incontenible y desmesurada de los elementos. Dispuestos a morir "con las armas presentadas", los ocupantes de la inundada isla Choele-Choele no pierden el ánimo, y —en una escena que preludia el hundimiento del Titanic— hasta las bandas de música tocan sin desmayar. Finalmente las aguas bajan y la división se salva, acaso, dice Prado, porque a Dios

---

37 Rapidísimos con el caballo para invadir o para huir, son tremendos adversarios cuando se baten a pie, utilizando lanzas larguísimas, que esgrimen como "gimnastas consumados". Las lanzas (de "bien curadas tacuaras") son sin duda superiores a las "lanzas de palo de escoba" con que el ejército ha provisto a sus soldados. Otro tanto ocurre con los caballos bien alimentados y entrenados frente a los pobres "caballos patrios".

mismo "debió conmoverlo tanto heroísmo, tanto desprecio por la vida, que levantó su condena" (p. 102).

Las continuas miseria y adversidad en las que vive
el soldado son esgrimidas como otro argumento decisivo
para destacar sus cualidades militares y morales. El fortín
es deplorable, de una precariedad conmovedora ("un
montón de tierra circundado por un foso"), se carece de la
higiene más elemental, a menudo no llegan los pagos de
sueldos, ni la ropa adecuada ni la hacienda para alimen-
tarse. El soldado debe proveer a su propia supervivencia y
debe, además, ocuparse de todo tipo de trabajos. Por tales
carencias y padecimientos, dice Prado, se lo ha equipara-
do a menudo al "esclavo antiguo". Sin embargo, se trata de
un "esclavo voluntario", al que "le bastaba un buen caballo
para romper las cadenas que lo ataban al servicio" (p. 76),
y aunque a veces deserta, sublevado por las injusticias del
sistema, lo hace sólo una vez que ha probado su valor en
el combate (el mencionado caso de Paiva), para no des-
honrarse. El episodio de "los blancos" de Villegas, referido
al robo que los indios hacen de estos atesorados caballos
del Regimiento 3 de línea, muestra la contracción al deber
de la que son capaces los guerreros de la frontera: el sargento Carranza sabe que la sentencia por haberse dejado
robar "los blancos" será la muerte inapelable, pero se presenta valerosamente ante el coronel para "no agregar un
crimen a otro crimen" (p. 56).

¿Tienen estos héroes dignos enemigos? Como lo
hemos visto, el valor de la hazaña radica, en buena parte,
en la magnitud del adversario. Al margen de la superioridad numérica que por lo general poseen los indios en estos
episodios, no dejan de reconocérseles también cualidades épicas. "Salvajes" y "bárbaros", aúllan y rugen "como
fieras", pero son también "temerarios" y capaces de actos de

grandeza y sacrificio. Uno de ellos es la falsa información que da el rehén Pancho Güevas para que Villegas no pueda llegar a los toldos de Pincén, a sabiendas de que será asesinado cuando esto se descubra: "El indio aquel, noble como lo eran todos los de su raza, jugaba la vida por salvar a los suyos" (p. 91). Otro valiente indiscutido es el cacique Ñancucheo, célebre por su "audacia y valor", "maña y coraje"; "descendiente no degenerado de aquellos araucanos que tuvieron a raya el valor y la disciplina de los conquistadores. Se batía, no contra hermanos, según su creencia, sino contra el extranjero que venía de mundos remotos a robarle familia y territorio" (p. 165). No se trata aquí, pues, del estereotipo al uso (el indio invasor, ladrón, vago y codicioso), sino de un adalid empeñado en una guerra defensiva, justísima a su criterio. Esta creencia es general, apunta Prado, en la mayoría de los caciques del sur patagónico: "Nosotros éramos *españoles*, o cuando más, *argentinos,* lo que en lenguaje araucano parecía sinónimo [...] *españoles malditos* que todo lo queríamos robar. Y tan se nos creía, entre los indios del sur, españoles, y tan es así que confundían este vocablo con el de argentinos..." (pp. 165-166). Hasta cierto punto, son los cristianos los que han "contaminado" ese tipo del araucano puro,[38] lo que explica la desleal celada tendida a las tropas argentinas a orillas del lago Ricalma, aparentemente urdida por el ejército chileno: "celada infame y cobarde que venía a manchar la gloria del araucano de la conquista española, cuyos restos se ven aún esparcidos a orillas del caudaloso Bío-Bío. Pero debemos confesar que lo que el indio araucano había perdido en grandeza de alma lo había ganado en ilustración" (p. 155).

---

38 Prado se refiere despectivamente al "indio degenerado,... salvaje afeminado en las reducciones o acobardado en las pampas de Buenos Aires." (p. 157).

El "salvajismo" de los aborígenes no los exime, en la visión de Prado, de sentimientos y afectos "nobles" plenamente humanos. Así, por ejemplo, el apego a las familias (mujeres e hijos), flanco débil que los cristianos utilizan como arma para derrotarlos. Éste es el instrumento que usan para rendir al valeroso Nahuel Payún:

> Villegas mandó decir a Nahuel Payún que si en el acto no dejaba franco el camino degollaba los presos, los caballos, las vacas y luego se abría paso con el sable de sus bravos. Le daba un cuarto de hora para reflexionar.
>
> El corazón del bárbaro fue tocado. Ante la idea de que su familia, prisionera, podía ser sacrificada, dominó sus deseos de venganza y abandonó el campo, jurando que habría de cobrarse algún día.
>
> [...] En cuanto a Nahuel Payún, no sólo no tomó venganza sino que se *redujo* un año después.
>
> No podía vivir en el desierto sin el amor de sus hijos.
>
> ¡Y le llamaban salvaje! (p. 96).

Por momentos, se establece una corriente de simpatía y solidaridad entre perseguidores y perseguidos (así como de mutua admiración por las hazañas guerreras): el caso más curioso tal vez, es el vínculo a distancia entre el mayor Daza y Namucurá. Daza tiene prisioneras a la mujer y la hija del cacique y cuenta con "la familia real" para atrapar en algún momento al jefe que les sigue los pasos. Pero éste se resiste a la captura y despierta la adhesión de su adversario:

> Verdaderamente, al pobre Namuncurá sólo le falta ahora que se deje agarrar.
>
> Empezaba a tener lástima del indio.
>
> ¡Feliz Namuncurá! (pp. 133-134).

Por otra parte, la épica tiene "lados oscuros": acciones donde los militares cristianos se muestran no menos "bárbaros" que sus oponentes aborígenes. Pancho Güevas, el rehén que desvía la expedición de Villegas, no sólo es lanceado sino "horriblemente mutilado" (p. 92). También los blancos toman botín sin remordimientos cuando se les presenta la ocasión: no ya sólo la hacienda, sino las alhajas ("chafalonía") y las hermosas prendas tejidas "con esmero y perfección" por las mujeres indígenas, y, desde luego, se quedan con las mujeres mismas. O perpetran masacres tanto o más cruentas que las atribuidas a los indios, como cuando se ensañan con las "familias" de la tribu de Ñancucheo:

> En confusión horrible lanzáronse a las torrentosas aguas del Chimehuín, hombre y mujeres, niños y ganado, buscando en la orilla opuesta la salvación.
> Entonces, y aunque heridos o contusos, los soldados de Bustos empuñaron recién las armas de fuego y las descargaron sobre los fugitivos.
> La mortandad fue horrible: los que se salvaron del plomo hallaron en el río su sepultura (p. 167).

El Ejército tiene, además, sus propias víctimas internas, sobre las que recae la mayor saña e injusticia. Un capítulo entero ("¡A muerte!") es dedicado a la historia de Cayuta, paisano jujeño, coya, al que han mandado a la frontera en reemplazo de un protegido que había sido condenado a ella por delincuente. La inocencia y la indefensión extremas se conjugan en este verdadero chivo expiatorio, al que todos maltratan y humillan, y que es sometido a la pena capital cuando trata de desertar. Dadas tales condiciones de vida, la muerte de este "esclavo de esclavos" no es sino una liberación. El coronel Villegas, héroe de tantos otros episodios, es sin embargo el que coloca el "cúmplase" bajo la sentencia. Tal sentencia, en realidad, es la condena ética de quienes la pronuncian y la ejecutan: "Un cadáver, un hoyo para enterrarlo y una gota de sangre más manchando la conciencia humana" (p. 123).

Por otro lado hay llamativas y tal vez inevitables ausencias en este relato. Desde tiempos ancestrales, las mujeres —prendas de alianza, botín codiciado, ayudantes y a veces oponentes— han resultado excluidas de la epopeya que sólo reconoce sujetos heroicos masculinos. El texto de Prado no es una excepción. Ellas aparecen muy escasamente, y cuando lo hacen es únicamente como género, nunca en carácter individual (oportunidad que, como hemos visto, sí se les concede a los varones), confirmando, para bien y para mal, ciertos estereotipos del "eterno femenino". Como la volubilidad de la "donna mobile" también entre las cautivas indias (si algo muestra la narración es que las había, y que eran el botín de cada avanzada cristiana, así como las cautivas blancas eran prenda codiciada de los malones):

> Las indias prisioneras, ¡lo que son hasta las pampas!, al día siguiente habían elegido entre los soldados, cada una, un reemplazante al *finado* que aquellos dejaron *panza arriba* en Loncomay (p. 60).

> Los caballos de los indios pasaron a ser propiedad del Estado, y en cuanto a sus mujeres, unas buscaron *reemplazantes* en los soldados de la división y otras, las más, ¡qué sé yo qué se hicieron!, fueron mandadas a Martín García, y por ahí andarán llorando su antiguo poderío o disfrazadas tal vez de gente civilizada renegarán su origen (p. 96).

Por otra parte, también las mujeres se muestran conforme otra imagen tradicional, la de abnegación y esforzada resistencia, como en la marcha de evacuación de la isla inundada:

> Las mujeres de la tropa, cargadas con los trastos de cocina las unas, con los hijos las otras, avanzaban dolorosamente, ensangrentados los pies, las ropas desgarradas, anhelantes por llegar a la loma salvadora (p. 106).

Esta pintura general un tanto difuminada ganará algo en profundidad y matices en *La guerra al malón*, aunque sin igualar los retratos femeninos individualizados de otros autores, como los citados Gutiérrez o Daza. En este otro libro la crítica al Ejército y a la sociedad que han olvidado a los veteranos de la frontera, luego de enviarlos a la muerte, alcanza extremos de áspera lucidez e inusual amargura.

Sin pretensiones literarias, pero capaz, no obstante, de logradas escenas de fuerza testimonial, *Conquista de la pampa* vale por lo que dice y por lo que elude decir, por sus juicios y apreciaciones, y por el espacio que deja para el juicio del lector. Es, en este sentido, un texto sin censuras, que exhibe, como otras tantas heridas de combate, las glorias y las vergüenzas, sin omitir el lado siniestro de la ley "civilizada" ni ignorar tampoco los mejores aspectos de la condición humana en aquellos contra quienes se plantea, sin embargo, una lucha implacable.

María Rosa Lojo*

* María Rosa Lojo es doctora en Letras por la Universidad de Buenos Aires, miembro de la carrera de investigador del CONICET y escritora. Autora de *La "barbarie" en la narrativa argentina (siglo XIX)*, *La princesa federal* (novela), *Historias ocultas en la Recoleta* y *Amores insólitos de nuestra historia* (cuentos), entre otros.

Bibliografía selecta

Baigorria, Manuel, *Memorias* (prólogo de Félix Luna), Buenos Aires, Hachette, colección El Pasado Argentino, dirigida por Gregorio Weinberg, 1975.

Barrán, José Pedro, *Historia de la sensibilidad en el Uruguay*, tomo I: *La cultura "bárbara" (1800-1860)*, Montevideo, Facultad de Humanidades y Ciencias, 1990.

—— *Historia de la sensibilidad en el Uruguay*, tomo 2: *El disciplinamiento (1860-1920)*, Montevideo, Ediciones de la Banda Oriental, Facultad de Humanidades y Ciencias, 1991 (1ª ed., 1990).

Biagini, Hugo, "El surgimiento del indigenismo", *Cómo fue la generación del 80*, Buenos Aires, Plus Ultra, 1980, pp. 47-103.

Clifton Goldney, Adalberto A., *El cacique Namuncurá. El último soberano de la pampa*, Buenos Aires, Huemul, 1956.

Ebelot, Alfred, *La pampa. Costumbres argentinas*, Buenos Aires, Taurus, colección Nueva Dimensión Argentina, 2001 (1ª ed. en francés, 1889).

Fotheringham, Ignacio H., *La vida de un soldado o reminiscencias de las fronteras*, Buenos Aires, Círculo Militar, Biblioteca del Oficial, colección Historia, 1970 (1ª ed., 1909), 2 tomos.

Guinnard, Auguste, *Trois ans d'esclavage chez les Patagons. Récit de ma captivité*, París, Brunet, 1864.

Hux, P. Meinrado, *Memorias del ex cautivo Santiago Avendaño (1834-1874)*, Buenos Aires, El Elefante Blanco, 1999.

Lojo, María Rosa, "Los aborígenes en la construcción de la imagen identitaria nacional en la Argentina", en *Alba de América*, Nos 43 y 44, vol. 23 (julio de 2004), pp. 131-150.

—— "La raíz aborigen como imaginario alternativo", en Hugo Biagini y Andrés Roig (eds.), *El pensamiento alter-*

nativo en la Argentina del siglo XX. Identidad, utopía, integración, Buenos Aires, Biblos, 2004, tomo 1: 1900-1930, pp. 311-328.

Mansilla, Lucio V., *Una excursión a los indios ranqueles*, estudio preliminar y notas de Guillermo Ara, Buenos Aires, Kapelusz, 1966 (1ª ed., 1870).

Prado, comandante, *La guerra al malón*. Buenos Aires, Eudeba, 1979 (1ª ed., 1907).

Sulé, Jorge O., *Rosas y sus relaciones con los indios*, Buenos Aires, Instituto de Investigaciones Históricas Juan Manuel de Rosas, colección Estrella Federal, 2003.

Walther, Juan Carlos, *La conquista del desierto. Síntesis histórica de los principales sucesos ocurridos y operaciones militares realizadas en La Pampa y Patagonia, contra los indios (años 1527-1885)*, Buenos Aires, Eudeba, 1980.

DOS PALABRAS

A Emilio Lazcano y Turbio Padilla

La amistad de ustedes para mí, que siempre fue sincera, y más que franca, fraternal, les hizo creer que "Cuentos de fogón"* podía salir de mi maleta de judío errante y presentarse al público.

Ahí los tienen, pues. Pero que el ejemplo que saquen del éxito que alcancen les sirva de lección en lo futuro, para no ahogar a los que quieran con la vehemencia del cariño.

Yo podría decirles al oído a quiénes parecerán bellísimos, sublimes, inimitables. Pero esos no son jueces sino amigos, y no aprecian con la razón, sino que fallan con el afecto.

Ustedes los conocen.

Hemos hablado largamente de ellos y saben que tienen en mi alma un templo levantado a la gratitud.

¿Para qué nombrarlos cuando son tan pocos? ¿Para qué recordarlos, si quieren que se les guarde el secreto de sus virtudes?

Déjolos, pues, a ellos, pero no a ustedes, que habiéndome impulsado a esta publicación, tienen que ayudarme a soportar la cruz.

El autor

---

* Denominación coloquial con la que Manuel Prado se refería a esta obra.

La corrida de Villegas
y la muerte de Undabarrena

I

Adolfo Alsina, entre otras cosas de magnitud extraordinaria, había emprendido la de abrir una zanja que, desde Fuerte Argentino, cruzara la pampa hasta la frontera sur de Santa Fe.

Decía el gran patriota que aquel trabajo haría imposible las grandes invasiones; pero sus enemigos, como siempre, tuvieron tema para ridiculizar al ministro de Guerra.

"Una zanja, ancha de 1 metro y 25 centímetros", exclamaban, "¿qué obstáculo puede ser para el indio, cuyos caballos son capaces de salvar de un salto el Océano?"

Y a cada noticia de invasión salía la "zanja de Alsina" a relucir como una burla perenne al Gobierno que había cometido la locura de llevar las fronteras a Italó, Trenque Lauquen, Guaminí, Carhué y Puán.

A principios del año 1877, *a pesar de la zanja*, hubo una invasión colosal que dejó *barridos* los partidos de 9 de Julio, Bragado, Lincoln, etc. Es verdad que la División Guaminí, a órdenes de Marcelino Freyre y Enrique Godoy, batió a la indiada, quitándole el arreo que no pudo salvar a causa de la zanja; pero este detalle no importaba.

La obra de Alsina *era negativa,* y fue preciso que el

caudillo muriera para poderla encontrar conveniente primero y gigantesca después.

Creo que esto es general; y tengo para mí, por lo que veo, que si se quiere el juicio unánimemente favorable de los hombres es preciso morirse o ser imbécil.

Valga cualquiera un poco, descuelle o intente descollar, esfuércese y persevere en el trabajo, y nadie lo libra del anatema de aquellos que todo lo saben, aunque no hagan otra cosa que maldecir y renegar contra los demás.

Y... aquí siento a mi vez que la pluma va a trazar rasgos que no quiero estampar. Y me detengo.

II

El 10 de junio de 1877 era día de fiesta en Trenque Lauquen.

La tropa *estaba de carne con cuero* y tenía licencia para bailar y divertirse.

Todo hacía presumir un día de alegría, de tranquilidad y de regocijo para aquellos milicos que no sabían —desde largo tiempo atrás— lo que era desnudarse para dormir.

Pasó la hora de *asamblea*. Las guardias estaban relevadas y el corneta de órdenes de la Comandancia indicó: *Puerta franca.*

¡A la calle! Al toldo, a prenderle al cimarrón para abrir el apetito; a la pulpería, a liquidar de una vez el vale de cincuenta pesos moneda corriente que se había pescado... Allá iba la *miliciada* satisfecha con las horas de descanso que tenía por delante, halagada con el trozo de *carne con cuero* que iba a tocarle, como extraordinario, a la hora de almorzar.

A las once el toque de *rancho* reunió en el cuartel a todo el mundo.

Las vaquillonas estaban listas, asadas de una manera admirable, sabrosas, chorreando jugo; en la cuadra de la banda, la pipa de vino, y a su lado, *jarro en mano,* el sargento de guardia para distribuir a cada cual su parte.

En el momento de mayor animación, cuando aquel *banquete* de soldado había hecho olvidar a todos las penurias de la vida de frontera, oyose de pronto, agudo, estridente, el toque de *atención.*

Hubo un instante de sorpresa.

¿Qué iba a seguir? ¡Nada! ¡Si era que tocaban orden general!

Las carcajadas, los palmoteos, las voces de quinientos hombres que hablaban casi gritando, ahogaban las notas de la corneta que seguía lanzando al aire el eco belicoso del toque que indicaba *novedad.*

La guardia de prevención, repitiendo la *generala,* hizo que todo aquel *mundo* de gente alegre y bulliciosa quedara como en misa.

¿Qué había?

¡Generala!

Poco duró la sorpresa. El mayor Sosa llegaba en ese instante al cuartel, y con voz clara y penetrante mandó:

—¡A tomar caballos! ¡Listos, a formar con armas y monturas!

El Batallón 2 de Infantería estuvo a caballo en un *abrir y cerrar de ojos,* y en marcha al galope, sobre la línea derecha de fortines.

A una legua de Trenque Lauquen, frente mismo al *Fortín 2,* acababa de aparecer un grupo de quinientos indios en actitud de pasar la zanja para invadir. Eran de Pincén, por lo audaces; y cuando en pleno día se presentaban a la vista de la guarnición, era porque estaban dispuestos a *algo gordo*.

En cuanto salió el Batallón 2 del campamento, descubrió a la indiada que se corría por la línea y emprendió la persecución.

El 3 de Caballería quedó esperando caballadas de la invernada para salir a su vez.

A la altura del Fortín Olavarría, el Batallón 2, que había rendido sus caballos en la persecución, y que tenía algunos soldados heridos en las escaramuzas que iban sosteniendo, fue atacado de pronto por la indiada y obligado a desmontarse para resistir el ímpetu de la carga furiosa que le llevaron las quinientas lanzas del indomable Pincén.

Al frente de aquella tropa bizarra, de historia gloriosa en los anales del Ejército Argentino, estaban, sosteniendo la vieja tradición del 2, que fue escuela de Borges y de Orma, cátedra de Mitre y de Arredondo, el comandante Sáez y su valiente segundo, el mayor Moritán.

Los tenientes Vidal, Sáez (Adolfo), Dameli, y los subtenientes César Aguirre y Osvaldo Godoy, secundaban el esfuerzo de sus jefes y hacían proezas de bravura.

Los remingtons de aquellos bravos no cesaban de vomitar la muerte para quebrar la inmensa muralla de bárbaros que avanzaba a la carrera, y que sólo fue dominada y dispersada cuando ya con sus chuzas alcanzaban el pecho de los soldados del 2.

Después de este rechazo sufrido por el temerario cacique —y en el cual perdió el batallón a los soldados Franco y Lera (muertos), y al sargento González, herido—, no pudo continuarse la persecución en las cabalgaduras extenuadas y acampó la fuerza a poca distancia del fortín frente al cual acababa de batirse.

Entretanto, los indios así rechazados por el batallón, habíanse dividido en dos columnas para fraccionar a la tropa que los persiguiera, y esta circunstancia fue casi fatal para nosotros.

Villegas, que llegaba en ese instante acompañado del comandante Domingo Jerez, del ciudadano Frías —un jovencito que aspiraba a ser cadete—, del sargento Quiroga, del soldado Lorenzo Giles y del baquiano Silvano, creyendo marchar sobre la *rastrillada* del batallón, avanzó al galope, siguiendo la huella de una de las columnas de los indios.

Iba el coronel un tanto dado a los diablos. Nervioso, porque temía que su persecución no fuera a ser eficaz, no se fijaba en ciertos detalles que le hubieran hecho ver la mala dirección que seguía. Su ayudante y sus asistentes lo veían; pero ¿quién era el *toro* que le hubiera dicho al coronel: volvámonos, señor?

De pronto en la cumbre de un médano viose un jinete, y Villegas, creyendo que fuera un centinela del 2 que hubiera campado allí, sin su orden, apuró la marcha, renegando y dispuesto tal vez a *proclamar* al comandante Sáez.

Pero allí no estaba el Batallón de Sáez: allí estaba un grupo de los indios de Pincén, en número de más de doscientos, y estaban a caballo y avanzaban formando cerco a Villegas y su escolta.

Cuando el coronel sintió el *alarido* de rabia lanzado por la tribu, que veía a mano buena y segura presa, intentó cargar; pero el sargento Quiroga, que velaba por la vida de su jefe, sereno y frío, acercósele y le dijo:

—Es inútil, mi coronel.

—Y entonces, ¿qué quiere usted? —replicó Villegas, clavándole la vista como un puñal.

—Que se salve V. S.

—Yo no disparo, sabe usted so... sargento del diablo—. Y tuvo intenciones de romperle el cráneo de un tiro al milico que se permitía semejantes *observaciones*.

Pero debió recordar Villegas que se debía a su división, y volvió bridas.

En ese instante, el comandante Jerez, que había saltado en pelo en el caballo de reserva, estaba en gravísimo peligro.

El animal, desbocado, huía con Jerez en dirección a los indios.

Fuerte era el comandante, y diestro, pero por más que hacía no le era posible dominar la *boca* de la bestia.

Iba a morir el primero.

Y ya lo lanceaban los indios cuando girando el bruto, como un trompo, dio vuelta y siguió en su carrera vertiginosa en dirección a la zanja.

Jerez estaba salvado.

El *cerco* compacto de los indios estaba sobre Villegas, que no quería huir.

Se retiraba al galope, pero no disparaba. Si lo alcanzaban, pelearía, y si lo mataban, no sería sin que su vida costase un poco a los salvajes.

¡Era un rasgo temerario, un delirio del coraje, pretender batir a doscientos indios con cuatro hombres!

El joven Frías, que galopaba al costado de Villegas, fue *sacado limpio* de un lanzazo. El caballo, al sentirse libre del jinete, se asustó y huyó.

Villegas giró entonces sobre la montura y descargó un tiro de su revólver. Un pampa abrió los brazos, hizo una cabriola y rodó por tierra: el tiro le había partido la frente.

En seguida cayó el soldado Giles, lanceado también, y un nuevo disparo del coronel derribó a otro indio.

Quiroga había tirado la carabina y se defendía con el sable.

En aquella invasión venía un indio de nombre Platero, que conocía al coronel, y era él quien entusiasmaba a los salvajes gritándoles:

—¡Este Villegas!... ¡Este Villegas!

El coronel tenía el poncho acribillado a lanzazos.

Platero había caído herido por Villegas, y el revólver de éste estaba descargado ya, cuando, al frente, alcanzose a distinguir una nube de polvo que avanzaba rápidamente. Era el alférez Domingo Vera, con cincuenta tiradores del 3 de Caballería, que llegaban a la carrera.

Los indios dejaron entonces a Villegas y a Quiroga y emprendieron la fuga.

Pero Vera, bien montado, pudo alcanzarlos y sablearlos, quitándoles gran número de lanzas y caballos ensillados.

Villegas se salvó, porque, fuerza es creer en el destino: "No le había llegado la hora todavía."

III

Contenida esta invasión en la frontera norte de Buenos Aires, corriose a la derecha e hizo irrupción por la frontera sur de Santa Fe, cuya extrema izquierda estaba al mando del teniente coronel Saturnino Undabarrena. Al tener este jefe noticia de que los indios habían pasado la línea que se hallaba a su cargo, reunió treinta soldados y marchó en persecución de los invasores.

Al trote y galope anduvo casi un día entero —el 16 de junio— hasta alcanzar la retaguardia de la invasión.

Los indios, al sentir tropas encima, forzaron la marcha, y Undabarrena, descuidando que sus caballos iban, en parte, rendidos, apuró también la suya, sin observar que la tropa se quedaba con los animales cansados.

Después de correr dos horas detrás de los indios, pudo cargarlos y quitarles el arreo que llevaban. En el primer momento aquellos, creyendo habérselas con tropas numerosas, se desbandaron abandonando cuanto podía estorbarles.

Undabarrena, que veía declinar la tarde y creyendo haber desmoralizado por completo a los indios, ordenó que la tropa que lo siguió —ocho soldados— se cortara y reuniera la hacienda dispersada en el ataque.

A su lado estaba el teniente Colaso, del 8 de Caballería, y el de guardias nacionales, Francisco Machado.

Pero los indios —cuyo número excedía de cien— volvieron de la sorpresa, y al descubrir separado y cortado al grupo aquel insignificante de soldados, se organizaron y cargaron batiendo aislada a la tropa.

Murieron allí, del Regimiento 8 de Caballería, el cabo 1° Luciano Benítez y los soldados Aureliano Leiva, José Olivera y tres guardias nacionales, salvándose de toda la partida un soldado de guardia nacional, gravemente herido.

Undabarrena, Colaso y Machado, sobre quienes cayó un grupo numeroso de bárbaros, habían echado pie a tierra, trabado sus caballos, y alistádose para vender la vida lo más caro posible, sin la esperanza remota de salvarla.

Seis tiros tenía Undabarrena en su revólver y seis

indios cayeron con el pecho atravesado. No en vano tenía fama de habilísimo tirador el comandante.

Colaso se batía a sable, como buen criollo, saltando como el tigre para herir, encogiéndose como la víbora para volver a saltar.

La tropa que llegó después al teatro del combate presenció el cuadro siguiente:

En el lugar donde cada soldado había caído, una rastrillada inmensa y un reguero de sangre. Donde estaban, mutilados horriblemente y desnudos, los cuerpos de Undabarrena y sus oficiales, parecía un matadero: once eran los indios muertos por aquellos bravos.

Colaso fue encontrado teniendo entre los dientes un pedazo de cuero cabelludo de un indio. En la desesperación, en la agonía, cuando luchaba herido y a golpes de puño, pues la espada fue hallada rota, ha debido derribar a su adversario y morderlo en la cabeza.

Undabarrena conservaba apretado al pecho el cabo del cuchillo que le había servido para comer en campaña.

Era aquel un cuadro que hacía honor al Ejército Argentino.

Sin embargo, nadie lo ha copiado; y de aquel hecho extraordinario sólo nos queda la orden general siguiente, dada por el ministro de Guerra, doctor Adolfo Alsina:

Buenos Aires, junio 26 de 1877.

He tenido aviso oficial de que el teniente coronel Undabarrena, comandante de fortines de la izquierda, de la línea de Italó, ha perecido, víctima de su arrojo temerario, con dos oficiales y cuatro soldados, en un encuentro con los salvajes. Me consta también, aunque no oficialmente, que uno de los jefes superiores* de la línea avanzada, se separó de su fuerza con un ayudante y tres soldados para descubrir al enemigo: que fue rodeado por más de cien indios y que salvó providencialmente con una docena de lanzazos en la ropa.

Estos hechos han debido llamar seriamente la atención del Gobierno. Los jefes del Ejército argentino tienen adquirida ya, como bravos, una reputación inconmovible, y, para conservarla no deben jugar imprudentemente la vida, a no ser que, como sucede en las guerras regulares, ello sea necesario para conseguir un triunfo decisivo o para salvar de un desastre inminente. Las ordenanzas militares fijan de un modo claro lo que son acciones distinguidas y determinan la recompensa a que se hacen acreedores los que las han ejecutado; pero esas mismas ordenanzas califican como delito punible ante los consejos de guerra *el abandono* que un oficial hace de su puesto en cualquier acción de guerra o marchando a ella, siendo extremadamente severas en cuanto a la pena, cuando de ese abandono resulta pérdida del combate o perjuicio para el progreso de las armas.

Por actos de arrojo iguales o parecidos a los que motivan esta nota perecieron Heredia, Ortega y Jáuregui, jefes que eran una esperanza para el Ejército Argentino, y en prevención de estos recuerdos dolorosos, es un deber a la vez que un derecho propender a que no se repitan sucesos de carácter tan lamentable.

La conducta de un jefe, librando deliberadamente combates sin posibilidad de poder alcanzar resultados

---

* Se refiere al coronel Villegas, en la acción del 10 de junio que más arriba dejamos referida.

que satisfagan, o cortándose de las fuerzas a largas distancias para descubrir al enemigo —cuando esto en campos accidentados puede dar lugar a consecuencias más fatales que el sacrificio de sus vidas—, puede ocasionar el desaliento y la desmoralización en la columna de que se haya desprendido, y cuando aquélla se produce, de la sorpresa del primer momento se va fácilmente al desorden y a la derrota.

Fuerzas regulares y de primera clase que asisten al fuego o marchan a él con las armas a discreción sin que las detenga o desmoralice una lluvia de plomo, se sienten conmovidas y desalentadas cuando ven caer al jefe que las conduce al combate y en el cual cifran toda su fe para alcanzar la victoria.

Las consideraciones que dejo expuestas jamás podrán ser miradas como una reprobación para los bravos o como un aliento para los cobardes.

Esta nota sólo importa un llamamiento al deber militar y una condenación a los sacrificios estériles; y digo estériles porque, cuando son necesarios para evitar la derrota o para asegurar el triunfo, la Patria los recompensa y la posteridad los bendice.

Adolfo Alsina

"LOS BLANCOS"

I

Tenía el Regimiento 3 de Caballería de línea más de trescientos caballos blancos, elegidos, sanos, fuertes y ligeros, para *reserva* del cuerpo.

Cuando marchaba el 3 en alguna campaña, detrás de los indios que *entraban* o *salían,* los blancos iban del cabestro, de tiro, para el momento de alcanzar y chocar con los bárbaros.

Que Villegas cuidaba estos animales con más interés que su propia persona, no hay ni que hablar.

Eran célebres sus blancos; y más que ellos, la *pasión* que les tenía el coronel.

Una tarde, el 18 de octubre de 1877, y con motivo de que al día siguiente debía formar el regimiento a caballo, diose orden de que los blancos fueran llevados de la invernada y encerrados durante la noche en un corral zanjeado que existía a doscientos metros de la orilla del campamento.

El sargento Francisco Carranza y diez soldados daban, esa noche, guardia a los blancos.

Tocose diana a la hora de costumbre, minutos antes de aclarar, y nada hubo que alarmara la quietud de la guarnición.

Es verdad que faltaba el parte del sargento Carranza; pero un cuarto de hora más o menos, cuando no ocurría novedad, ¿qué importaba?

Por otra parte, el sargento tenía muchas cosas que atender antes de ir al Detall a decir: "Sin novedad".

Habría pasado apenas media hora desde la diana cuando apareció tambaleando como un ebrio, pálido, desencajado, el sargento Carranza.

El trompa de órdenes, al verlo en aquel estado, lo detiene y le pregunta:

—¿Qué le sucede, mi sargento?

—¿Y... el... co... ro... nel? —tartamudeó Carranza.

—*Acostao*. Pero, ¿qué tiene usted que se *desmorona*?

—¡Los blan... cos! ¡Los blan...!

—¿Qué dice? —aulló el moreno—. ¡Santa Bárbara! Pero no... no puede ser... ¿qué le ha *pasao* a los blancos?

—Los indios los...

—¡Jesucristo!, mi sargento. Y usted no se *resierta*. ¡Madre mía! ¡El coronel le encaja, de *siguro*, cuatro balas!

—Así debe ser el soldado que es soldado, y que no cumple con su deber. ¿Oye usted? No deserta cuando falta, porque no debe agregar un crimen a otro crimen.

El espíritu militar había vuelto al viejo Carranza su energía, y hablaba claro y fuerte.

—¿Dónde está el coronel para darle cuenta y para que me fusile si quiere?

—Aquí, sargento. ¡Oyendo a usted que se ha dejado robar *los blancos* sin defenderlos, porque se ha dormido, porque es un... flojo! ¿Usted sabe lo que hace un soldado cuando le pasa lo que a usted?

—Señor...

—Se mata, sargento, y no tiene cara para venir a decirle a su jefe que hizo mal en distinguirlo con su confianza y con su aprecio.

—Mi coronel, antes de matarse uno debe hacerse matar. Vengo a pedirle que me condene.

Villegas permaneció mudo largo rato.

Oprimiendo la frente con las manos, cavilaba.

¿En qué?

¿En el suplicio a que iba a condenar al sargento Carranza?

¡Sepa Dios lo que bullía en la cabeza del coronel!

De pronto se endereza, mira fijamente a Carranza y le dice:

—Llame al mayor Sosa.

Cinco minutos después el segundo jefe del 3 de Caballería llegaba a donde se paseaba el jefe de la División.

—Ordene, coronel.

—¿Qué fuerza disponible hay en el cuartel?

—Ochenta hombres, señor.

—Bueno. ¿El mayor Solís?

—En su alojamiento.

—Bien. Acérquese. Este sargento —añadió Villegas, señalando a Carranza— se ha dejado robar con los indios los caballos blancos. Ahora mismo el mayor Solís, al mando de veinte soldados, marcha y se interna en la pampa, montado de manera que pueda ir siempre al gran galope. Cuando vengan caballos de la invernada —que voy a pedir—, marcha usted con treinta soldados más; alcanza al mayor Solís, lo pone a sus órdenes y usted me trae los caballos blancos. ¿Ha entendido?

—Sí, señor.

—Y a este señor sargento lo lleva con usted, y si no es tan bravo como descuidado, le salda esta deuda que ha contraído.

II

¡A traer los blancos!

¡Y a traerlos de los toldos, y con sólo cincuenta hombres!

El coronel Villegas era verdaderamente temerario.

¡Internarse en la pampa, desconocida y misteriosa, con un puñado de milicos y con la orden de no volver sin los blancos!

¡Qué diablo! Donde manda capitán no manda marinero.

Adelante y sea lo que ha de ser.

A las siete de la mañana sale Sosa de Trenque Lauquen, a cuatro caballos por individuo. Con él van: Julio Alba, Juan P. Spikerman, Julio Morosini, Domingo Vera y Belisario Supiciche. Este último, cadete entonces, al tiempo de montar a caballo observó que, como de costumbre, no tenía cigarros. Le pidió a un soldado fuera a lo de Fanton a buscar tres atados de *negros,* que le pagaría al pasar.

Cuando el piquete desfilaba delante de la casa del pulpero, sale éste a la cruzada y le dice a Supiciche:

—*Et, mon ami, les cigares?*

—Magníficos... Un poco aventado el tabaco... pero *marchan.*

—*Yo no diga esa. Yo diga: la plata.*

—¡Ah! —sonrió el cadete, sorprendido del cobro en aquella situación de miseria y de barullo—. ¡La plata!... ¡Apunte! —y castigando el caballo fue a incorporarse a la fila.

El francés quedó rezongando, y al entrar a la pulpería exclamó:

—¡*Que apuente!... ¡Sacrée!... Le Diable le apuentará, no a guidao, a todo ellos.*

Contra los pronósticos del honorable Fanton, si el Diablo apuntó entonces, no dio en el blanco y se chingó.

La comisión de Sosa tuvo un éxito superior a todo cuanto era posible imaginar.

Los indios, una vez que salvaron la zanja, con el robo seguro, enderezaron al toldo, convencidos de que nadie iría allí a buscarlos.

Y creyeron mal esta vez, por su desgracia, porque el 21 de octubre el comandante Sosa los sorprende, a cuarenta leguas de la zanja, jugando al naipe entre ellos lo robado, y les da tal lección que ha de conmover al desierto entero.

III

Hemos visto ya como Villegas ordenó: ¡*Y tráigame los blancos!* Esto quería decir: *No vuelva si no los trae.*

Con semejante *proclama,* el mayor Sosa arregló la marcha, una vez que hubo alcanzado a Solís, y cuando menos lo creía, cae de improviso sobre una toldería levantada en el bajo de una laguna (Loncomay) rodeada de monte.

Los indios de pelea son cincuenta y dos y sólo hay un caballo atado al palenque. La gente se divierte, jugando al azar cada uno la *tropilla* que le había tocado en el botín: ese botín que pastaba mansamente en el cañadón, junto a cuatrocientos caballos de los pampas.

Fraccionada la fuerza en dos mitades, una para arrebatar las calladas y otra para atender a las tolderías, Sosa ordenó al trompa que tocara *a la carga*.

Querer pintar aquí la sorpresa de los indios es intentar un trabajo superior a nuestras fuerzas.

Baste decir que, media hora más tarde, cincuenta y un indios habían muerto, que se habían rescatado los blancos y quitado la caballada de los ladrones, que había ciento y tantos de chusma prisioneros y que sólo un indio pudo salvarse escapando, en pelo, en el caballo que estaba atado al toldo.

Los milicos volvieron con las maletas hasta el *tope* de chafalonía y pilchas finas.

El regreso es verdad que fue un poco arriesgado, porque el salvaje salvado puso en conmoción el avispero y llovieron indios sobre la columna de Sosa; pero, sin sufrir un solo contratiempo, fueron batidos, y el 24 de octubre volvían los blancos a Trenque Lauquen, habiéndose, por causa de ellos, demostrado que golpear a los indios en su propia toldería era simple cuestión de audacia y buenas caballadas.

Villegas fue a recibir con un abrazo a Sosa; y hasta Fanton, entusiasmado, se arrimó a Supiciche y le dijo:

—*Te felicita, cadete, y te perdona les cigares. ¿Pero mi darás un caballita?*

Las indias prisioneras, ¡lo que son hasta las pampas!, al día siguiente habían elegido entre los soldados, cada una, un reemplazante al *finado* que aquellos dejaron *panza arriba* en Loncomay.

EL SARGENTO PERALTA*
SALVADOS POR MILAGRO

I

Corrían rumores de *ascensos* en el regimiento; y, como en razón de ser aspirantes, no sólo aspirábamos sino que también *esperábamos,* me acosté a la orilla de un fogón moribundo, envuelto en la manta patria que constituía todo mi haber, acariciando *in mente* la idea de mi promoción, y pidiendo a Dios y a mi jefe que fuera aquella mi última guardia de cadete.

La retreta acababa de pasar; y, según mis cálculos, podía dormir un par de buenas horas antes que me llegara el turno de hacer *la* centinela.

No sé si el frío o la ilusión de que iba a ser oficial alejaron el sueño de mis párpados; pero sí recuerdo bien que cuando oí llamar el turno anterior al mío pensé que debía buscar un pretexto para esquivar el servicio que me venía encima, y que, en realidad, si bien se hacía sin murmurar no se llenaba con placer.

Vino a mí la idea de darme por enfermo; pero el médico no tenía necesidad de haber obtenido su título

---

*   El cadete que habla en este cuento es José Miguel Menéndez, que llegó a capitán en el 1º de Caballería, falleciendo en el año 1885. Tal cual lo hemos escrito nos fue referido por aquel brillante oficial.

por oposición para descubrir la maña, y entonces el *plantón* y la vergüenza no me los quitaba nadie.

A mi edad no podía alegar reumatismo —recurso de los viejos— ni menos indigestión, salvo que me acusara de *algún avance* a la Mayoría, donde se depositaban los víveres de la tropa.

Aterido de frío, hambriento, sin un cigarro, me levanté y fui a sentarme al lado del oficial de guardia, un sargento Peralta, antiguo soldado del cuerpo y hombre con quien no se gastaban bromas ni valían camándulas.

Como buen milico, el viejo Peralta había encontrado en el fondo de su maleta una *ensillada* de yerba y en la *guayaca* de cogote de avestruz tabaco para armar dos cigarrillos.

Era Peralta hombre *amigo de ilustrarse* y no perdía coyuntura de hacer hablar a los cadetes —que dábamos lección de táctica y ordenanza— a fin de aprender sin preguntar. Cuando quería, por ejemplo, conocer lo que la ordenanza prescribe al centinela, enderezaba a uno de nosotros y nos buscaba la boca para lanzarnos esta pregunta:

—Vamos a ver: usted que es cadete, ¿a que no sabe las obligaciones del centinela?

—¡Y cómo no! Si hoy mismo hemos *dado eso* en la academia.

—¡Qué va a dar!... A ver, ¿qué es lo que hace un soldado cuando está *de hora*?

Y nosotros, que no consentíamos se pusiera en duda nuestra suficiencia, recitábamos de nuevo la lección del día, que el viejo almacenaba en su memoria prodigiosa.

De esta manera llegó a tener fama de *buena clase,* llamando la atención que, sin saber leer, conociera al pie de la letra artículos y definiciones de táctica y ordenanza.

Así fue que, en cuanto me hube acomodado al lado de mi sargento, no sólo me hizo el obsequio de un mate y un cigarro —que me venía del cielo—, sino que me abrió el pico sobre *cuestiones del oficio*. Si yo tenía el tino de interesar al viejo aquel hasta el punto de que, sin pedirlo, me dispensara de aquella centinela que veía tan próxima, era yo hombre feliz.

Hablando de maniobras, sabía por experiencia que, cuando el cabo de cuarto gritara: "el 1", aunque estuviera haciendo evolucionar los escuadrones, me diría mi sargento:

—¿Usted es el uno?

—Sí, señor... Pero... en seguida se manda por cuatro a la...

—¡No! Vaya *no más* a hacer *su hora*. La tropa no ha de cansarse y cuando lo releven concluirá el movimiento.

Y tendría que ir. Y no sólo ir, sino quedar comprometido para continuar *haciendo* táctica hasta que Dios y Peralta quisieran.

Era preciso inventar algo que me librara del servicio y para ello debía ingeniarme.

—¿Ha leído *Martín Fierro,* sargento? —le pregunté.

—Yo no. Pero me lo han leído.

—¿Quiere oírlo de nuevo?

—¿Para qué?... Si lo tengo aquí...

—¿Y Bertoldo?

—¿Quién es ese?

—Un zonzo... No, un pillo. Voy a traerlo.

—Déjelo no más; los pillos no me gustan y los zonzos ¿para qué diablo sirven? De eso hay mucho. Para verlos no hacen falta historias.

Guardé silencio, corrido, desanimado. De pronto un rayo de luz me iluminó.

Pedí permiso; fui a mi carpa y de entre las caronas de la montura saqué un ejemplar de los *Doce Pares de Francia* que conservaba desde el colegio, donde lo hube como premio.

Volví al lado del sargento y empecé a leerle aquellas barrabasadas de Roldán y Olivero, llenándolo de entusiasmo.

Había llegado a un pasaje en que Roldán, solo, rodeado de turcos, se bate sembrando el campo de adversarios. Lo tenían medio mal *al par*, cuando el cabo con voz de autoridad, gritó:

—¡El uno!

—Ordene —contesté, y cerrando el libro me levanté.

—No se vaya —interrumpió Peralta...

—Cabo, pásele la hora al uno —y aprovechando esta interrupción, me dijo:

—¿Guapo el gringo, eh?

—Sí, pero es cuento.

—No importa, ni aunque sea, me gusta por lo agalludo... A ver, siga.

Y, entre mate y mate, aquel viejo que había asistido a la epopeya del Paraguay escuchó sin bostezar el fabuloso relato, hasta que la diana vino a cortarlo, llamándonos a formar.

Después de la lista me pidió le refiriera el *fin* de aquellos héroes, y haciendo con la cabeza un significativo ademán exclamó:

—¿Cuándo tendremos nosotros hombres de esos, eh?

II

La filiación de Ángel Peralta, archivada en la Mayoría del cuerpo, tenía las siguientes notas:

Ascendió a cabo 1° el 2 de mayo por acción heroica (en el Paraguay).

Fue gratificado con quinientos pesos y ascendido a sargento 2° por su brillante comportación en "Santa Rosa". (Campaña de Entre Ríos.)

Ascendió a sargento 1° el 10 de enero de 1876 y mencionado en la orden general por su temerario arrojo en el combate sostenido contra los indios en la acción de *Chiquiló*.

Tales eran los antecedentes oficiales del admirador de los Pares de Francia.

Aquel ascenso a sargento 1° y aquella mención en la orden general por un combate con indios, en el 1° de Caballería, donde para descollar como bravo era preciso eclipsar la memoria de Sandes y sobrepujar a Maldonado y Rodríguez, a Meana, a Klein, a Daza, Kratzenstein, Méndez, etc., debía ser el premio de algo verdaderamente romancesco.

Al cuidado de una chacra, dispensado del servicio de armas, guardias, etc., había un soldado Pedro Suárez, inutilizado en la jornada de Chiquiló, y él fue quien nos refirió con lujo de detalles aquella acción, que se había consignado como distinguida.

Hacía tres días que el sargento Peralta recorría el campo al mando de ocho soldados, cuando una mañana, al *repechar* los médanos de Chiquiló, descubrió en el bajo una partida de indios, cuyo número no bajaba de cien.

Eran *malones* que se dirigían a Tres Arroyos en busca del botín.

El campamento, único punto de donde podía venir auxilio a aquel grupo de soldados, distaba más de veinte leguas. Los caballos, como la mayoría de los *patrios*, no podían servir sino de estorbo en aquella situación.

Era llegado el momento de jugar la vida o, más claro, de perderla, y eso se iba a hacer.

Los indios habían descubierto a la reducida comisión y saltado a caballo para batirla.

Cien contra nueve, era partido pampa.

Peralta y los suyos desmontaron, *trabaron* los caballos, echáronlos al suelo para hacer con ellos un obstáculo a las cargas de los indios, y con las armas preparadas, clavado en tierra el sable desenvainado y pronto para reemplazar a la carabina cuando fuera preciso, esperaron el ataque.

Los indios, desconfiados y previsores, subieron a la loma, desde donde la pampa se descubría en una extensión inmensa, para cerciorarse de que aquella tropa no era la vanguardia de fuerzas mayores que pudieran llegar y sorprenderlos.

Nada debió descubrir de anormal en la llanura el ojo de águila del salvaje cuando, dividiéndose en dos grupos, organizaron la carga.

Un pelotón a caballo amenazaba al puñado de soldados, que esperaban sin hacer fuego todavía, por no perder disparo, mientras que el resto de la indiada avanzaba a pie, haciendo resonar el grito de pelea, estridente, horrible, e hiriendo el suelo con las lanzas.

La tropa permanecía inmóvil, serena, atenta a los jinetes que amagaban por un lado, sin descuidar las evoluciones de los indios que avanzaban a pie.

Muchos que no conocen la guerra de indios creen que estos tenían toda su fuerza en el caballo; y nada más equivocado.

El caballo, para el *pampa*, era el vehículo que lo transportaba con rapidez indecible desde el toldo al paraje donde creía hallar botín, era su elemento de fuga, su salvación en el peligro, su mejor auxiliar en las boleadas; pero para batirse, cuando estaba resuelto a no dejar el campo, el indio se desmontaba.

A caballo, el salvaje con su lanza enormemente larga carecía de soltura para atacar.

A pie, ¡era de ver cómo la esgrimía!

Gimnasta consumado, tan pronto estaba a treinta pasos del adversario como encima de él. De esta clase de ataques era de los que debían preocuparse los soldados.

Peralta había ordenado no hacer fuego hasta que fuera seguro el tiro.

Dejaron, pues, avanzar la turba hasta cincuenta pasos del grupo, cuando de pronto la voz del sargento se oyó, metálica, hiriente como la punta de una espada, gritar:

—¡Fuego!

Una detonación oyose y siete indios rodaron por tierra fulminados.

Las carabinas estaban cargadas nuevamente y una segunda descarga hizo cuatro bajas más.

Los que cargaban a caballo huyeron; los que avanzaban a pie retrocedieron, procurando cubrirse con las ondulaciones del terreno.

Pasaron diez minutos de ansiedad suprema.

Un indio corpulento, que no esquivaba el cuerpo y que al parecer dirigía el malón, ordenó la retirada, y fue a situarse a cubierto de los tiros de la tropa.

La estación de verano estaba en extremo avanzada, y en aquella época el pasto, secado por el calor del sol, ardía como yesca.

Quemaron el campo y se distribuyeron para batir en detalle a los soldados si el fuego y el humo los obligaba, como tendría que obligarlos, a cambiar de posición.

Mientras el fuego avanzaba, impulsado por el viento, ganando terreno hacia donde se hallaban Peralta y sus hombres, los indios ponían en juego su diplomacia artera para apoderarse de aquellos bravos.

—No matando, hermano —gritaba uno—. Vos presentao.

—No haciendo nada, wincá, no haciendo nada, dejaló *tralcá** y viniendo, muy hermano indio —agregaba otro.

La tropa no se movía. En una mano la carabina preparada y lista para disparar, en la otra una jerga, una carona para apagar el fuego cuando llegara a ellos.

Hacía ya media hora que duraba esta situación, cuando el incendio llegó a abrasar la cara y el cuerpo de los soldados.

Aprovecharon los indios este momento para cargar de nuevo; pero tres de ellos pagaron con la vida aquel ataque.

El número, sin embargo, tenía que vencer. En un descuido el grupo de jinetes llegó a mezclarse con el de los soldados y Peralta sufrió dos bajas producidas por las boleadoras de los bárbaros.

*   Carabina.

Uno de los soldados, que había recibido un golpe de bola en el cráneo, cayó como herido por el rayo e instantáneamente muerto.

Entreverados ya, indios y soldados, el combate era cuerpo a cuerpo.

A la formidable boleadora, diestramente manejada, oponíase el corvo y el puñal. Los bárbaros atacaban con rabia; defendíase la tropa con desesperación.

Era aquello algo espantoso, algo que la pluma no puede reproducir sin quitarle la expresión y el colorido.

Rodaban por el suelo, ensangrentados, buscando el cuello, el pecho, el corazón; el hijo del desierto ávido de la sangre del cristiano; éste anhelante por rendir el mayor número de adversarios.

¡Tigres que hubieran visto aquel cuadro de matanza hubieran sentido frío en las entrañas!

Sólo quedaban en pie Peralta y dos soldados, cuando la indiada se retiró buscando tregua al cansancio que la abrumaba.

Los combatientes no podían sostenerse. Fatigados, contusos, rendidos por el esfuerzo supremo que hicieran, los unos para exterminar, para vender cara la vida los otros, se miraban con odio, con rabia frenética en el alma; pero, como más tarde lo supimos, con admiración, por parte del capitanejo que acaudillaba el malón.

En el segundo ataque los indios, que empezaban a mirar como invencible al grupo aquel de soldados, avanzaron flojamente, a pesar de la desproporción en que estaban.

El capitanejo dirigía el avance y era él quien contenía la fuga de los suyos amenazándolos con la moharra ensangrentada de su *chuza*.

Volvieron a chocar, y en este nuevo encuentro

Peralta, que vio caer a uno de los compañeros que le quedaban, recibió en la frente una herida de lanza que, corriendo a lo largo del parietal derecho, desgarróselo, levantándole el cuero cabelludo. Roja de sangre la cara, ciego de ira y de bravura, atropelló al grupo que más cerca tenía y, esgrimiendo el sable con la decisión del que fía a la suerte y a la audacia la última esperanza, tendió un indio a sus pies.

Saltó atrás en seguida, ágil como el felino, encogido para volver de nuevo adelante, sublime, grande, más bello que el héroe de la plebe romana, que Espartaco, miró con ironía al adversario vencido por aquella embestida irresistible y dijo:

—¡Óiganle a esos pampas! ¿Y no era que la tenían *en la uña*?

Iban los bárbaros a concluir con aquel héroe, cuando un grito de espanto lanzado por uno de ellos quitoles la acción.

¿Qué pasaba? ¿Qué había para que el indio reprimiera su impulso?

Era que a cuatro o cinco cuadras se descubría la masa negruzca de un grupo de soldados que avanzaba a la carrera.

Rápidos abandonaron a Peralta y al soldado que aún se defendía, aunque herido, y corrieron a saltar en los caballos que impasibles pacían la yerba de la llanura, mientras en la cumbre del médano se desarrollaba aquel drama sangriento.

Apenas habían tenido tiempo los bárbaros de saltar en el *parejero*, cuando el teniente Daza, al mando de veinte soldados, se entreveraba con ellos sable en mano, como peleaba el 1° de Maldonado, para que el enemigo viera la cara del adversario que lo vencía.

Sableados, perseguidos, acosados por aquel huracán de acero, los indios se diseminaron huyendo cada cual en el rumbo que mejor le parecía.

Cuando Daza suspendió la persecución y reunió su tropa, vio llegar hasta él al sargento Peralta, sucio el rostro y la chaquetilla con su propia sangre, y que, bajando del caballo y llevando la mano al quepis, para saludar militarmente, le daba cuenta de su acción:

—Mi teniente, la fuerza que estaba a mis órdenes se halla muerta o herida... ¿Tiene algo que ordenar?

Daza, bravo como es y noble, sintió ante aquel rasgo de heroísmo sublime que los ojos se le humedecían de lágrimas, y atrayendo a sí a Peralta contestó:

—Sí; tengo que ordenarle que abrace a su teniente.

Y oficial y milico, en medio del desierto, abrazaron, al abrazarse, la imagen sagrada de la patria que los bendecía.

III

¿Querrá saberse cómo llegaba Daza en momento tan supremo para Peralta?

Muy sencillo. Daza, que mandaba un fortín de la extrema derecha, hacia dos días que seguía la rastrillada de los malones y se hallaba campado cuando descubrió el humo del incendio que los bárbaros encendieron para asediar a Peralta.

Púsose en seguida en movimiento para descubrir lo que pasaba, y ya hemos visto cómo llegó en el instante mismo en que los salvajes iban a terminar aquella horrible matanza.

Recogidos los caballos dejados por los fugitivos,

enterráronse los muertos del regimiento, que eran tres, alzáronse los heridos y, cuando llegaron a Puán, Maldonado, que tenía ya conocimiento de la acción de Chiquiló, dirigiose al cuartel de su regimiento, formó la tropa, y poniendo en el brazo derecho de Peralta la insignia de sargento 1°, dijo:

En nombre del Gobierno y de la Patria, concedo al sargento 2° Ángel Peralta el empleo de 1°.

Hay en la historia de este regimiento una lista de honor donde se inscribe el nombre del que combate como Sandes, del que se bate como Segovia, del que deslumbra como Catalán. El que allí revista tiene honores especiales.

El sargento Peralta y los soldados que con él se lucieron en la acción de Chiquiló figuran desde hoy en esa lista de gloria.

Cuando él pase por delante de vosotros, soldados, inclinad la cabeza y descubríos, pues que es un destello de la gloria del cuerpo la que cruza.

¡Imitad estos ejemplos! ¡Sed dignos del pasado del 1° de Caballería, de este cuerpo que escribió en Ituzaingó, con el filo de sus sables, la epopeya de la caballería argentina; de este cuerpo que brilló en el Paraguay por encima de la Guardia de Waterloo; de este regimiento cuyo nombre no escucha el bárbaro en sus guaridas sin que sus miembros tiemblen y sin que decaiga su audacia!

Abrazó en seguida a Peralta, que lloraba de emoción, y cuando al cruzar la puerta del cuartel oyó aquel: "¡Viva el 1° de Caballería!" pronunciado por el alma de la tropa, el más bravo de los lanceros argentinos debió sentir en el corazón eso que los valientes sienten y que sólo pueden traducir en lágrimas.

IV

Y era, hago notar, Ángel Peralta quien oyendo las hazañas de Roldán decía:

—¿Cuándo tendremos nosotros soldados como aquellos, eh? (!!)

DESOBEDIENTES

I

Este era el nombre de un fortín construido en la línea que unía a Trenque Lauquen con Ancaló. Era, como todos los demás, un reducto levantado en medio de la pampa, un montón de tierra circundado por un foso. En la cumbre del montón, dos ranchos de carrizo o *cortadera,* dos nidos de *gato pajero* para un oficial y seis soldados.

¿Para qué más?

Los defensores de la patria, los apóstoles de la civilización —como eran llamados en documentos oficiales los guardadores de la frontera—, ¿no tenían bastante con aquello?

Si el proveedor había podido reunir hacienda, no faltaba la ración en el fortín; si no... era lo mismo. El soldado de entonces no se ahogaba en un pie de agua, como dicen los viejos de ahora.

En el campo había avestruces, las gamas no escaseaban, y el perro, compañero abnegado del milico, no dejaría a su dueño sin comer. Si los *patrios no daban* para bolear un bicho de importancia, ¡qué diablo!, el piche y la perdiz se agarraban sin caballo y para ellos sobra el perro.

Y así se vivía.

El gobierno no se apuraba por dos cosas: por pagar al ejército y vestir la tropa.

En cambio, las correrías detrás del bárbaro, las guardias, el trabajo del *pisadero*, la siembra, la edificación del pueblo, todo eso llovía sobre aquellos hombres a quienes en vano se les quiere buscar rivales en la leyenda o en la fábula.

El esclavo antiguo ha sido muchas veces mencionado para equipararlo en su vida a las penurias de nuestras tropas; pero quien tal comparación pretende olvida que no hay mérito alguno ni virtud apreciable en el sacrificio del hombre que vive con el dogal al cuello, porque entiende que ese estado es condición de su propia naturaleza.

El soldado nuestro sabía que no era esclavo, sabía que le bastaba un buen caballo para romper las cadenas que lo ataban al servicio, y sin embargo, allá estaba obediente, sumiso, humilde hasta el extremo de que se le creería un ser desprovisto de la facultad de sentir, si no tuviera a cada instante la ocasión de mostrar en la pelea que era el mismo que en Maipo y Chacabuco, en Ituzaingó y en el Paraguay había asombrado al mundo con su bravura.

Hoy se pretende que, antes, la disciplina militar debió ser rígida hasta la crueldad para dominar aquella tropa, y no se tiene en cuenta que, si bien esta afirmación podía ser razonable en el campamento, fuera de él, en los fortines, en el campo a cincuenta leguas de las estacas, lejos del consejo de guerra y del banquillo, ¡la obediencia era la misma, la abnegación era la misma y el sacrificio el mismo!

Tal vez sin el indio a una jornada de distancia y sin la patria en peligro, el soldado se rebelara contra la brutal disciplina de los azotes; pero cuando hay que salvar el honor de la bandera, cuando se juega la suerte de la nación, el gaucho, el criollo, no siente injusticias ni repara en abusos. Por encima de todo está su tierra, y mientras haya que defenderla no deserta ni murmura.

Nosotros hemos oído una vez a un soldado Paiva exclamar al ser sacado de las estacas: "No me deserto esta noche porque quiero encontrarme en la pelea de mañana". Al día siguiente el teniente Alba —hoy segundo jefe del 2 de Caballería— rechazaba una invasión que intentó pasar la zanja, y cuando después del combate preguntó por Paiva, para felicitarle por la bravura que le viera desplegar, el soldado no estaba.

Al propio tiempo que el último indio se perdía en el desierto, salvándose en el magnífico caballo que montaba, él, el soldado Paiva, volvía bridas y dejaba el regimiento que no quiso abandonar sin cumplir con su deber de bueno.

El año 80 fue aprehendido en Goya, y al preguntársele las causas que lo obligaron a desertar, respondió con verdadero candor:

"¿No se acuerda aquella estaqueadura que me dieron porque se creyó que estaba durmiendo de centinela? ¡Pues bueno! Por eso juré desertarme, y si no lo hice la misma noche fue porque había orden de marchar al otro día a pelear una invasión. Después que cumplí, me vine."

¿Es necesario decir que fue indultado?

El comandante Germán Sosa —jefe entonces del cuerpo— tenía no sólo el corazón de un héroe, sino que también el sentimiento de un niño.

Paiva fue perdonado, y un año después obtuvo su cédula de baja.

II

Pero Paiva no era una excepción en aquellos tiempos. Como él se conducían todos o casi todos.

Podrán buscarse las causas de aquella abnegación donde se quiera, pero nosotros las hallamos en el ejemplo que daba el superior.

Ahora, cuando *las fronteras* han desaparecido, cuando el nombre del indio es más bien motivo de curiosidad que de otra cosa, ¿quién se acuerda de lo que pasaba en el ejército veinte años atrás?

Hace tiempo oíamos hablar, en cierta reunión, del general Mansilla. Se trataba de su figura política, de su vastísima ilustración, de su carácter, de su temperamento y de sus servicios militares.

Querían buscar al soldado en el fondo de un discurso o de un artículo de periódico, sin acertar con el sitio donde lo hemos hallado nosotros en toda su originalidad.

El general Mansilla, diputado, escritor, hombre de mundo, puede ser de primera fila en una sociedad como esta de la capital, pero su condición, su espiritualidad, su figura más o menos apuesta y bizarra, no valdría gran cosa en el espíritu de aquella tropa que hacía prodigios en la frontera.

Es preciso seguirlo en su excursión a los ranqueles; es preciso leer el relato que hace de ella a los soldados en el fogón, para oírlos exclamar:

¡Ese general!

Sin esta exclamación previa, sin el convencimiento individual arraigado en el espíritu del soldado de que su jefe u oficial vale más que él, como guapo, como gaucho y como audaz en el peligro, no hubiera habido guerra posible con el indio, hecha al menos como se hizo, uno contra diez y oponiendo, a veces, el *facón a la tacuara* y *a la bola.*

Así, pues, cuando se quiera hallar la razón moral de aquel heroísmo que llena la historia de nuestros cuerpos, en el servicio de frontera, no se la busque en la ordenanza ni en la ley escrita.

Del valor del jefe dedúzcase la conducta del soldado, así como de la causa se deduce el efecto; y si acaso añádase, para aumentar factores, en el haber de nuestro paisano el amor entrañable que profesa a esta su tierra, donde más ha sido paria que hombre libre, y donde gracias si encuentra, para morirse, un hoyo en la pampa o una cueva en la montaña.

III

En la orden general, de tiempo en tiempo, se recomendaba especialmente a la tropa de guarnición en los fortines no salir al campo —ni aun a distancias cortas— desarmados.

Se aplicaban severas penas a los infractores; caían en las celadas, tendidas por el indio con rara habilidad, los desobedientes; pero ni el castigo ni el peligro corregían al *fortinero,* cuya confianza se cifraba más que en la molesta carabina en el temple del caronero.

Cuando se perseguía o se avistaba al enemigo, cuando se trataba de una comisión lejana, santo y bueno que se llevaran armas de fuego; pero para ir *allí no más,* detrás de la loma que se ve desde el fortín, a bolear la gama o el avestruz, que se descubre, ¿para qué tanto *aspaviento*?

La boleadora para dar caza al animal, el facón para *carnearlo* y ¿qué más?

En vano se citaban desgracias y se contaban sorpresas por decenas. Ninguno escarmentaba.

El indio conocía *este flaco* de su adversario y lo explotaba con éxito y frecuencia.

Si fuéramos a dar aquí la lista de los soldados muertos por exceso de confianza y de bravura, llenaríamos un libro.

Cada fortín de la pampa tiene su historia de sangre; y el labrador, al romper con el arado aquella tierra, ignora que va removiendo las cenizas de una generación que conquistó el desierto.

Cuando se libró al servicio público la línea férrea que va hasta Trenque Lauquen, la mayoría de los invitados a la fiesta inaugural cruzaban la pampa sin un recuerdo, sin una idea que les hiciera pensar en otra cosa que en el *centro agrícola* o la *colonia* que *podrían adquirir.*

Aquellos médanos de "Timote", la laguna "Cururú", el monte "Salinas", no despertaban otra sensación que la del paisaje. A un lado de la vía, en la cumbre de una loma, se podían contar hasta seis cruces de madera que el tiempo y las borrascas respetaron cual si los elementos hubieran querido permitir al hombre que rindiera justicia al heroísmo.

Aquellas cruces que en ninguno de los viajeros llamaron la atención, hace quince años que fueron colocadas para indicar la tumba donde duerme el sueño de la gloria la guarnición del fortín "Desobedientes".

IV

Era el año 1876.

El sargento Jacinto Velázquez, al mando de cinco soldados, se hallaba destacado en el fortín "Chañares". Entre las instrucciones que recibiera —y que no le era permitido alterar— figuraba la de no autorizar a individuo alguno a que saliera al campo sin sus armas.

Partidas de indios que se internaban hasta el corazón de la provincia de Buenos Aires cruzaban de continuo aquel lugar, y si bien el jefe de la división no escatimaba vidas para impedir aquellas irrupciones, no por eso permitía el sacrificio estéril.

Si llegaba la circunstancia de caer en lucha desigual, por defender el puesto y el número del regimiento, no había más remedio que resignarse; pero perder un solo hombre, por descuido, por temeridad, por lujo de heroísmo, era cosa que jamás le consolaba.

Hacía ya tiempo que se venía anunciando una invasión, y los chasques iban y volvían del campamento a los fortines recomendando vigilancia y sobre todo prevención.

Quiso prohibirse la corrida de avestruces, a fin de evitar que la tropa se distrajera en el campo; pero cuadró la casualidad de que faltaron las raciones al proveedor, y entonces hubo que ceder a la necesidad y permitir que las guarniciones de cada fortín se procuraran como pudiesen el alimento.

El último *charque* de una gama boleada la víspera se doraba al fuego en la *cocina* del fortín "Chañares", cuando el centinela del mangrullo anunció que a diez cuadras de allí se descubría una cuadrilla de avestruces.

Oír esto y hallarse a caballo la guarnición entera fue obra de un segundo.

Estaba tan cerca la cuadrilla, tan hermosa la mañana, tan livianos, a la par que fuertes, los caballos, que nadie pensó en sacar del rancho su armamento.

Sobre todo, ¿para qué haría falta?

¿Qué podía pasarles a la vista del fortín cuando se descubría la pampa, en una extensión inmensa, despejada y desierta?

El sargento Velázquez y sus cuatro compañeros se abrieron, formando cerco, a fin de *rodear* a los avestruces y cazar el mayor número.

La embestida fue feliz; dos machos gordos, corpulentos como guanacos, rodaron por tierra enredados en la soga de las boleadoras.

La *corrida* continuó, dejando los animales muertos al cuidado del vigía que venía a buscarlos.

Los avestruces, sorprendidos en el primer momento, huyeron con rapidez indecible, azuzados en la carrera por los gritos de sus cazadores, encarnizados ya detrás de presa tan valiosa.

Tres avestruces habían caído cuando el sargento Velázquez se detuvo y llamó a los soldados que le seguían.

En el entusiasmo de la caza habíanse alejado del fortín, cuya silueta apenas se distinguía como un montoncillo de césped en la llanura.

Arregláronse las *cinchas,* dejose *resollar* a los caballos y un momento después cinco hombres llenos de vida y de contento volvían con provisiones para una semana y con un *capitalito* para los vicios.

La caza de aquel momento, además de la carne, les proporcionaría cuatro *libritas* de pluma que el pulpero permutaría por los vicios de una quincena.

Hallábanse a doscientas varas del fortín nuestros soldados, sin observar novedad que los alterase, cuando de pronto el caballo del sargento se tendió sobre un flanco, derechas las orejas y fija la vista en un bulto que yacía tendido entre una mata de cortaderas.

Miró el jinete hacia aquel lado, y no pudo evitar un movimiento de horror al ver destrozado el cuerpo del soldado que dejaron de vigía. El infeliz estaba horriblemente degollado, desnudo, cubierto el pecho de agujeros que manaban sangre aún.

Los soldados que venían algo atrás, al notar el movimiento del sargento, corrieron a su lado, y antes de que pudieran ni siquiera mirarse vieron salir del fortín una turba de salvajes dando alaridos horribles.

No había que reflexionar.

Las armas de fuego estaban allí, en poder de los bárbaros, y el número de éstos no dejaba siquiera la esperanza de salvar la vida defendiéndola con brío.

¿Cómo habían llegado los indios al fortín en los breves instantes que faltó de él su guarnición?

¡Quién sabe!

Pero a diez o doce cuadras del foso había un cañadón profundo que no se tuvo la precaución de descubrir. Era indudable que allí habían estado ocultos los indios, quienes al ver como la tropa abandonaba el reducto pensaron en ocuparlo.

Sorprendieron al centinela, lo mataron, y emboscados en el corral aguardaron la llegada de la fuerza, cuyas armas estaban allí para garantizarles que el partido *era de robo*.

Los indios eran treinta: cinco los soldados.

Tal vez alguno hubiera salvado si intenta huir, al sentirse bien montado; pero aquellos hombres no saben lo que es volver la espalda al enemigo, y antes de que los bárbaros llegaran a ellos estaban ya, pie a tierra, facón en mano, dispuestos a morir, vendiendo con usura la existencia.

La indiada era de Pincén, valiente, atrevida; pero no era la primera vez que había medido sus fuerzas con hombres como aquellos, y a pesar del número y la ventaja de las armas vacilaron en atacar.

Cargaron a caballo, revoleando la terrible boleadora, pero en este primer intento lograron únicamente perder un indio, que cayó con el corazón partido de una puñalada.

La lucha se empeñó entonces espantosa; heroica de una parte, rabiosa de otra.

Los soldados que se batían para morir como bravos —pues que sabían que no tenían salvación alguna— hacían prodigios de heroísmo.

El primero que debió caer fue Manuel Maldonado. El *rastro* que había hecho era reducido; pero su vida costó la de dos indios.

Al fin, el número venció; y cuando tres días después se tuvo en Trenque Lauquen la noticia de aquella hecatombe y se mandó fuerza en persecución de los indios, los primeros soldados que llegaron al paraje de la lucha hallaron, haciendo compañía a los cadáveres de los veteranos, nueve *pampas* que habían caído para alcanzar, sobre aquel grupo desarmado casi, el *triunfo* de robarse diez caballos.

"Chañares" se denominó desde entonces "Desobedientes", en recuerdo de haber faltado su guarnición a la orden que prohibía salir al campo sin las armas; pero nosotros, que no tenemos que guardar la disciplina de una fuerza que ya no existe, rectifiquemos el nombre impuesto por el jefe y cambiémoslo por este otro: "Bravos del 3".

Un avance a
los toldos de Pincén

I

El 8 de noviembre de 1877 fue despertada la guarnición de Trenque Lauquen a una hora inusitada. Eran las dos de la mañana cuando el trompa de órdenes de la Comandancia en Jefe iniciaba la diana, que en seguida repitieron los cuerpos, produciendo en el campamento la sorpresa consiguiente.

¿Qué sería aquello? ¿Qué había pasado? Si ocurría novedad, ¿por qué tocaban diana y no generala?

Estas y otras preguntas iban haciéndose oficiales y milicos mientras acudían al cuartel, tan rápidamente como lo permitían las piernas aferradas al suelo por aquella enorme bota patria que mandaba el Gobierno, para que *no se desertaran de a pie,* como decía el viejito Solís, un mayor del 3 de Caballería, más bueno que una llegada de comisario.

Al frente de la guardia de prevención estaba erguido como un baluarte el chino Rosas, sargento 1°, cuya hoja de servicios en medio siglo de campañas y de combates tenía más gloria que la necesaria para inmortalizar a una nación. Picó su curiosidad que la diana se tocara a esa hora, pero no se sorprendió: formó su guardia, desprendió, por lo que pudiera haber, un cabo y seis soldados al paraje donde dormían los caballos de reserva, y luego, poniéndose tranquilamente al lado de su tropa, murmuró entre dientes:

—¡Quién sabe! Debe estar *mamao* el trompa.

Pero no era el coronel Villegas hombre de quedarse en la cama después de diana; y cuando el trompa no venía al cuartel con la orden de *domar el zaino** era porque el coronel mismo había ordenado ese toque.

En efecto. Media hora más tarde, el mismo Villegas presentaba en el cuartel del 3 de Caballería a su regimiento, del que decía que bastaba, solo, para conquistar el desierto entero. Estaba contentísimo.

Ordenó la *carneada*. Debía racionarse para tres días; y la carne, era preciso que cada cual la llevara en condiciones de no tener que condimentarla en el camino.

Era la primera vez que semejante disposición se tomaba, y alguno, buscando explicación a tales medidas, no vacilaba en asegurar que se trataba de explorar un desierto en el cual ni raíces se encontraban para hacer fuego. Quién sabe si no íbamos a la luna.

¡Charquear la carne!, se decían algunos milicos viejos, esforzando la imaginación para hallar en sus recuerdos alguna situación análoga.

¡Ni *fósforos*!

Cuando la expedición de Mitre, se llevaron reses *en pie*; y cuando se perseguían invasiones en el desierto, ¿quién pensaba en cargar el mancarrón con el peso de las raciones?

---

* *Domar el zaino* decían los soldados cuando alguno de ellos era condenado a ser atado a un palo terminado en horqueta y que estaba clavado frente al cuerpo de guardia. El palo era de ñandubay descascarado, y de aquí que por su color los soldados le dieran aquel nombre.

Para comer, bien podían llevarse yeguas en las caballadas; y, al fin, un asado no es cosa que robe demasiado
tiempo para hacerlo.

Entre milicos las conjeturas no faltan. Se obedece
como reloj con la cara *llena de risa*, pero se comenta y se dis-
cute la idea del superior.

¡Carnear para tres días!... Francamente, nadie en-
tendía bien aquello.

Y luego, esa otra orden de aprontarse para una
revista prolija de armas y de arreos.

Cuando se tocó asamblea el cuartel era un laberinto.

Aquí un grupo, preparando las monturas, *livianas
no más*, como para *una de a pie;* allá otro comentando la
molestia de aquellas corazas de cuero, muy útiles para
palanganas, y que al doctor Alsina le habían parecido
superiores para salvar el bulto *de la gente* en los entreve-
ros o en las situaciones difíciles.

Entretanto las mentiras circulaban que era un contento.

Cada cual inventaba un cuento a su manera.

—Ha dentrao una invasión —decía un compa-
drón mientras sobaba una manea— y no ha dejao bicho
parao en las estancias del Pergamino y del Salto. Nosotros vamos a esperarla para quitarle el arreo y las cautivas que traen.

—No señor, esa es bola —retrucaba otro de más
allá, por hacerse más enterado—. A mí me ha dicho
don Fanton, el pulpero, que a la División de Italó la han
avanzao y la tienen sitiada, y marchamos a defenderla.

—Bueno —copó un sargento viejo que nunca
hacía comentarios cuando cumplía una orden—, nai-
de sabe a dónde vamos; lo único siguro es que vamos
a tener malambo y de lo fino. ¿No lo han visto al *Cabo*

*Viejo** más contento que un carnaval? Apróntense bien, muchachos, porque me parece que... —y aquí se interrumpió para dar un beso al aire, mientras blanqueando los ojos probaba el filo del caronero en la yema del pulgar.

II

El resto del día se pasó arreglando guascas, probando la munición, afilando los sables, y en fin, tomando todas aquellas medidas que se tomaban cuando se presentía la proximidad de un choque con los indios, tan frecuentes como sangrientos en aquella época.

A las cuatro de la tarde Villegas pasó revista personalmente, examinando con prolijidad el mecanismo de las armas de fuego y mirando con recelo aquellas lanzas famosas que se mandaron a los cuerpos sin que sirvieran para nada.

A las seis se tocó *a ensillar,* y media hora después doscientos hombres del 3 de Caballería salíamos de Trenque Lauquen, dejando el campamento bajo la custodia del 2 de Infantería, ese cuerpo a quien jamás el enemigo vio la espalda en la pelea.

Cuando el sol desaparecía en el horizonte dilatado de la pampa, franqueábamos la zanja, y *rumbeando* a los dominios de Pincén nos lanzamos llenos de contento en el seno del desierto misterioso.

A *tierra dentro,* exclamaron a una los milicos; y empezaron a cuchichear entre sí contándose los unos a los otros sus sueños de esperanza.

---

*   El coronel Villegas.

Estribos de plata, riendas, tiradores, parejeros como luz, quillangos, ponchos, todo eso desfilaba como los cuadros de un caleidoscopio en la mente de aquellos valientes que dejaban la pala del labrador para empuñar el sable del soldado.

El milico de entonces, labrador, albañil y hasta arquitecto y bestia de carga en el campamento, se transformaba con rapidez fantástica, no en el veterano perfecto del ejército alemán, pero sí en el héroe disciplinado y temerario de cuyo rastro en el desierto apenas si quedan ya, perdidos entre los pajonales o destrozados por el tiempo, los restos de la cruz, sin inscripción, que señala en la pampa la sepultura de sus huesos.

Aquella generación de soldados, cuyo esfuerzo levantaba en los toldos del indio pueblos y ciudades, va pasando, como ha pasado el gaucho de las llanuras porteñas, como ha pasado el fiero montaraz de las selvas entrerrianas, como pasa todo, sin dejar más huella que la del navío que cruza la inmensidad de los mares, llevando de uno a otro mundo el pensamiento, los goces y los dolores de razas apartadas por abismos y distancias colosales; pero a quienes el progreso acerca de tal modo que pueden hablarse al oído a través de los millares de leguas que las separan.

El ejército argentino de ahora parece que no tuviera vinculación alguna con el de quince años atrás. ¡Todo está en él tan cambiado!

Aquel personal de tropa reclutado en las cárceles y engrosado por los abusos de los caudillos de la campaña y del interior de la República y ha desaparecido casi todo. Y los jefes y oficiales, a cuyas órdenes aquellos hombres tantos prodigios hicieron, ahí andan transformados, viviendo otra vida, respirando otra atmósfera, leyendo, instruyéndose, y probando al mundo que el argentino hace de sí lo que quiere cuando lo anima el sentimiento del deber y del patriotismo.

La eliminación de la guerra de fronteras y el Colegio Militar, con sus oficiales de escuela, debían cambiar, es cierto, el carácter del ejército perfeccionándolo; pero en esta tarea, que parecía superior a las fuerzas de los oficiales de fila, hemos visto colaborar con igual energía y con la misma competencia tanto a los que se iniciaban en la vida militar sacando el jugo a Vallejos y Bustillo, como a los que tres lustros atrás informaban desde un fortín, perdido en los confines de la patria civilizada, sobre la clase de pastos más convenientes para el engorde de caballos.

Pero no nos extraviemos de nuestro relato y volvamos a él.

III

En cuanto cerró bien la noche se prohibió fumar y conversar; se desprendieron flanqueadores, se ordenó trabar las anillas de los sables para evitar el ruido que producen al chocar con la vaina, y se recomendó que, en cuanto fuera posible, se evitara el relincho de los caballos.

En esta disposición deslizábase la pequeña columna, como una serpiente de acero adelantando cautelosamente hacia su víctima.

Cuando los primeros tintes de la aurora colorearon el oriente, llegábamos a Sanquilcó, una laguna inmensa circundada de médanos, detrás de los cuales pasamos el día sin encender fuego, sin movernos, con nuestras descubiertas en la cumbre de las lomas, echadas de barriga.

Las horas que pasamos desde este instante hasta la madrugada del 11 debieron costarle diez años de vida al coronel Villegas. Este jefe había recibido una orden del doctor Alsina para atacar los toldos de Pincén, y era en cumplimiento de ella que nos movíamos.

El menor descuido podía acusar al indio nuestra presencia en sus dominios, y entonces el éxito de la campaña estaba perdido.

Nuestro baquiano, un viejo Maza, antiguo cautivo de Pincén, era conocedor del terreno hasta Loncomay, donde se suponía estuviera la toldería, pero no más allá.

Como se despertaran algunas dudas acerca de la residencia de los indios, se forzó la marcha durante la noche del 10, y antes de las dos de la mañana del 11 hicimos alto a media legua de Loncomay. Se despacharon descubiertas, que volvieron con un viejo que dijo llamarse Pancho Güevas y que era el único morador de aquel paraje. Él refirió que Pincén, con su tribu, residía en *Malal*, a donde faltaban cinco leguas para llegar, y se ofreció de baquiano.

Dirigió Güevas la marcha de la columna, y cuando creíamos acercarnos a Malal, cayó de improviso la caballada en un terreno pantanoso, del cual parecía imposible que pudiera salir. En ese instante aclaraba.

El indio aquel, noble como lo eran todos los de su raza, jugaba la vida por salvar a los suyos. Fue lanceado sin más trámite.

La desesperación de Villegas era horrible. Pálido, temblando de ira, dirigía la operación de *desempantanar* las caballadas, y cuando el sol aparecía allá a lo lejos, como un destello divino, nos hallábamos en una senda que ignorábamos adónde conducía.

La expedición debía darse por frustrada.

¡Y todo por Pancho Güevas!

¡Si daban tentaciones de quemar aquel cadáver horriblemente mutilado!

¡Pero, en fin! Nos lanzamos a la aventura.

Habríamos andado apenas una hora cuando de pronto un grito formidable hirió nuestros oídos.

—¡A saltar en los caballos de reserva! —se oyó, y simultáneamente el trompa de órdenes rompía el silencio de aquellas selvas seculares con el estridente sonido de: *¡A la carga!*

IV

Quien no haya asistido a una de esas expediciones militares no puede darse cuenta de lo que es un ataque a las tolderías. En cuanto el trompa da la señal de ataque, la fuerza se desbanda, se fracciona, y ya solo, cada soldado, o asociado a dos o tres, se lanza en procura de algún toldo, de alguna tropilla, en persecución de un indio que huye o de una familia que se oculta en la espesura.

Era aquello una confusión de todos los diablos.

Carreras, gritos, imprecaciones, descargas de armas de fuego, llantos, alaridos, todos esos rumores llegaban a nosotros como si el infierno hubiera enviado sobre la tierra sus legiones.

Estábamos en un valle al que los montes que lo circundaban daban aspecto de *picadero.* En el centro, una laguna hermosísima, y aquí y allá, diseminados en el mayor desorden, esqueletos de animales, trozos de cuero, restos del toldo de algún cacique, tal vez.

Se tocó reunión, más que para llamar la tropa, para indicar dónde estaba el comandante en jefe; y poco después empezaron a llegar grupos de soldados trayendo cada cual cuanto había hallado a su paso. Tropillas de caballos, indias, muchachos, lanzas, etc., todo se iba juntando y disponiendo convenientemente.

A las once de la mañana la operación estaba terminada. Habíamos atacado la mismísima toldería de Pincén.

Tres mil caballos, doscientas vacas y cinco mil ovejas fue el botín de esa jornada. Aquel valle era Malal.

Nuestras pérdidas hasta entonces se reducían a un soldado herido de lanza, levemente. Los indios tuvieron 92 muertos y 380 de chusma prisioneros.

El Regimiento 3° estaba soberbio. Su jefe lleno de orgullo y sus soldados radiantes, con las maletas hinchadas de chafalonía, y el apero empilchado con lindos ponchos pampas y hermosos sobrepuestos tejidos con esmero y perfección.

Se descubrió el campo a una distancia prudente: ¡nada!

Podíamos estar tranquilos; los indios no vendrían a inquietarnos, aunque el grueso de la tribu se había salvado.

Se colocaron avanzadas, se nombraron guardias para las caballadas y en seguida... a comer.

Aquellas vacas de los indios eran una delicia. Hacíamos honor a su carne.

Los más lerdos no le habían prendido al diente aún, cuando rápido como el rayo llegó un soldado de la avanzada a dar cuenta de que del oeste llegaban grupos numerosos de indios en actitud belicosa. Había calculado en más de trescientos los jinetes que se acercaban. Al mismo tiempo y de las demás guardias llegaba aviso igual.

El desierto iba a lanzar sobre nosotros sus legiones de bárbaros.

El grito de venganza retumbaba en el valle como un eco de muerte, y hasta el sol, como temeroso de la catástrofe que se preparaba, ocultó su faz detrás de sombríos nubarrones.

Cinco minutos bastaron para estar a caballo.

Se replegaron las avanzadas, y el regimiento, con la misma tranquilidad que si se tratara de una fiesta, se aprontó para la pelea.

Aparecieron los indios en el valle.

Venían dispuestos a exterminarnos.

Nos saludaron con un alarido formidable y se lanzaron sobre nosotros con ímpetu salvaje.

Pasaban de quinientos.

Sufrir el choque era arriesgado. En la confusión podíamos perder los prisioneros y las caballadas.

Avanzaron algunos tiradores y rompiendo el fuego sobre aquella masa de jinetes les hicieron volver grupas.

Habíamos quebrado la *atropellada* del salvaje, y por consiguiente hecho desaparecer la inminencia del peligro.

A las 2 de la tarde dos mil lanzas mandadas por Nahuel Payún, el cacique más bravo de la pampa, nos cerraban el paso en todas direcciones.

Se degollaron las ovejas que no se podrían arrear; y en vista de que nos amenazaba una nueva carga, se formó cuadro y se echaron dentro los prisioneros y las caballadas.

Imagínese el lector cómo sería de fuerte el cuadro aquel formado por doscientos hombres que rodeaban a más de tres mil quinientos caballos. De hombre a hombre, la distancia era mayor de cuatro metros.

Comprendiendo los indios que si cargaban resueltamente podían triunfar, organizaron un escuadrón de doscientas lanzas y las lanzaron sobre el cuadro, quedando el resto de reserva.

Villegas se dio cuenta del peligro, y lo conjuró con uno de aquellos rasgos de audacia que nunca le faltaban:

—¡Capitán Morosini! —gritó—: saque cincuenta lanceros* y cargue a aquella chusma.

A trescientos metros del cuadro se produjo el choque: fue espantoso. El indio a caballo, y mayormente en un *entrevero*, no puede poner en juego su arma favorita: la boleadora. Las lanzas de nuestros soldados, hechas de palo de escoba, se rompían al chocar contra las bien *curadas* tacuaras del bárbaro.

De pronto brilló un relámpago entre la nube de polvo que levantaban los combatientes.

Eran los corvos, afilados como navaja de barba, que salían a reemplazar las inútiles lanzas.

Poco duró la lucha. El sable, cuando lo maneja un hombre diestro y buen jinete, es un arma irresistible en esa clase de combates. Los indios, acuchillados, deshechos, sin poder resistir aquella tormenta de acero, huían conmoviendo el valle con sus rugidos de fiera.

Cambiaron de táctica. No cargaron más; pero se dispusieron a no dejarnos mover, para aprovechar la ocasión en que les fuera posible una intentona con buen éxito.

La tarde declinaba rápidamente.

Tres tiradores de los indios nos habían producido cuatro bajas, una de ellas fatal.

Si nos tomaba la noche en aquella situación podíamos ser atacados, y un ataque serio en nuestras con-

---

*   Los 200 soldados del regimiento se dividían así: 120 tiradores y 80 lanceros.

diciones debía sernos desgraciado. Otro rasgo del carácter de Villegas nos salvó.

Entre los prisioneros había una india vieja, octogenaria. Era aparente para servir de mensajero. Con ella Villegas mandó decir a Nahuel Payún que si en el acto no dejaba franco el camino degollaba los presos, los caballos, las vacas y luego se abría paso con el sable de sus bravos. Le daba un cuarto de hora para reflexionar.

El corazón del bárbaro fue tocado. Ante la idea de que su familia, prisionera, podía ser sacrificada, dominó sus deseos de venganza y abandonó el campo, jurando que habría de cobrarse algún día.

Pudimos marchar, y el 15 de noviembre, siete días después de nuestra partida, volvíamos a Trenque Lauquen.

Los caballos de los indios pasaron a ser propiedad del Estado, y en cuanto a sus mujeres, unas buscaron *reemplazantes* en los soldados de la división, y otras, las más, ¡qué sé yo qué se hicieron!, fueron mandadas a Martín García, y por ahí andarán llorando su antiguo poderío o disfrazadas tal vez de gente civilizada renegarán su origen.

En cuanto a Nahuel Payún, no sólo no tomó venganza, sino que se *redujo* un año después.

No podía vivir en el desierto sin el amor de sus hijos.

¡Y le llamaban salvaje!

CHOELE-CHOEL
ESCENAS DE LA INUNDACIÓN

La expedición al río Negro, que apenas se menciona como un acontecimiento, al cual debemos la posesión de quince mil leguas de territorio arrancadas al salvaje, tiene para el ejército argentino un *poquito* de gloria, y merecen siquiera un recuerdo de gratitud los veteranos que la realizaron. He observado que, cuando se quiere hablar de abnegación y de *estoicismo militar,* los eruditos apelan a historias extranjeras, y más que extranjeras, antiguas, cuando no dudosas.

Para *levantar el espíritu* del soldado se echa mano de Leónidas en las Termópilas; y nadie ignora lo que contestó el espartano cuando oyó decir que las tropas de Jerjes eran tan numerosas que con sus flechas cubrirían el sol. En cambio, nadie o muy pocos salen del Colegio Militar sabiendo lo que fue Curupayty, y más conocemos de las correrías de Atila en el imperio romano que de nuestras legiones en el desierto.

Dentro de un siglo —siguiendo como vamos— nuestros bisnietos discutirán todavía si Cambronne dijo o no *aquello* en Waterloo, pero no sabrán quién fue Villegas, Levalle, Maldonado, Racedo, Lagos, Freire, etcétera. Verán lo que fue el desierto cuajado de ciudades, sembrado de villas, desbordante de riquezas; y si bien conocerán al dedillo los detalles de la rendición de Granada, ignorarán supinamente que Lavalle, Junín, Trenque Lauquen, Carhué, etc., valen para nuestra historia militar —como recuerdo de heroísmo, como tradición de gloria— más, muchísimo más, que Troya con su Príamo y Grecia con su Aquiles.

Como empresa militar, como hazaña del genio, como rasgo de la audacia de un hombre, está fuera de duda que la expedición de Alejandro al Asia no tiene parangón en la historia. Pero como campaña cruenta, arriesgada, penosa, permítasenos pedir un lugar no despreciable para la expedición al río Negro.

No se la juzgará digna de que un Homero la cante e inmortalice; pero no se te niegue tampoco el derecho de vivir en la memoria del ejército, ya que parece borrada de la imaginación del pueblo.

El 25 de mayo de 1879 el Regimiento 3° de Caballería de línea y el bizarro 2° de Infantería saludaban el sol de la Independencia argentina en la costa del río Negro, término de aquella campaña que suprimiría el desierto, abriendo a la civilización de medio continente el vasto territorio que abandonaban sus dueños primitivos.

Tres días después el resto del ejército se reunía a la División Villegas, y bajo las órdenes del general Roca, campaba en una *rinconada* que formaba una curva del río para echar allí los cimientos del pueblo que se bautizó con el nombre del ciudadano que ocupaba la presidencia de la República. Choele-Choel fue llamado Avellaneda.

Allí, en aquel valle exuberante, donde la vegetación asombraba por su fecundidad prodigiosa, los ingenieros trazaron calles y plazas, dividieron en solares las manzanas y hasta indicaron con estacones los puntos *de porvenir.* Alguien dijo, entonces, que unos indios, antiguos moradores de aquel lugar, hablaban de inundaciones periódicas que cubrían el suelo en que el pueblo se trazaba. Pero, si esto es cierto, no debió tenerse en cuenta mayormente cuando se trataba del *dicho* de un indio que pretendía rebatir la ciencia de un ingeniero.

El pueblo se delineó, y las tropas —a la orilla misma del río— dieron principio a sus cuarteles provisorios. El frío —era el mes de junio— arreciaba y aquellos hombres, después de una campaña que duró dos meses, bien ganado tenían el derecho de vivir bajo una enramada de junco.

Ante todo permítasenos consignar los cuerpos que fundaron Choele-Choel: Infantería: 1°, a las órdenes del comandante Teodoro García; 2°, Benjamín Moritán; 6°, Manuel Fernández Oro. Caballería: 1°, mandado por Manuel J. Campos; 3°, Germán Sosa*; 5°, Lorenzo Vintter; 11°, Marcial Nadal. Un escuadrón del 1° de Artillería, a las órdenes del mayor Voilajusson, y la tribu de Pichihuincá. Total: de 1200 a 1500 hombres. El todo a órdenes del coronel don Conrado E. Villegas.

A mediados de junio, dejando terminada la campaña, el general Roca se despidió del ejército. Venía a la capital a dar cuenta de su empresa y a contestar, por la memoria de Alsina, que la conquista del desierto había concluido como problema militar.

Namuncurá, el heredero del rey de la pampa, yacía del otro lado del Negro, en pleno dominio de araucanos, mendigando de su tío Renque Curá un asilo y una ayu-

---

* A los pocos días de la llegada a Choele-Choel el comandante Sosa se ausentó para Buenos Aires, quedando al mando del cuerpo el mayor de infantería D. Alejandro Montes de Oca, actualmente coronel y subinspector de su arma.

da. Baigorrita, el ranquel terrible, vagaba a orillas del Colorado con los restos de su tribu, esperando la hora última de su reinado, que lo fue también de su vida.

El ejército podía descansar.

Era aquella campaña su última etapa en el desierto. Iban a terminar sus fatigas, y una era nueva se abría a sus miradas.

La tropa participaba del júbilo de sus jefes y oficiales.

El paisaje risueño de aquellos campos, soñados eriales y vistos cubiertos de magnífica vegetación; aquel río imponente, que arrastraba en sus corrientes el pino de los Andes; el clima, el aire, todo inspiraba no sé qué de grande y sublime que sobrecogía el alma y predisponía el espíritu a la alegría.

Una mañana, cuando en un grupo de oficiales nos entreteníamos calculando sobre el porvenir de aquel pueblo que habíamos demarcado o visto demarcar, un indio viejo se acercó a nosotros y en su *media lengua* nos hizo comprender que todo aquello que pisábamos, el pueblo, el campamento entero, no tardaría en ser la sepultura del ejército. Dijo que hacía veinte años merodeaba por aquellos lugares y que siempre aquel río tan manso, tan claro, había tenido arrebatos de cólera terribles.

Cuando allá lejos, agregó, en tierra de chilenos llueve, el río Negro crece, se hincha, y revienta luego inundando estos valles y haciendo de ellos inmensos océanos profundos.

No hicimos caso.

Y así pasaron las horas y los días, hasta que, al fin, una mañana, Villegas, alarmado, miró las aguas del Negro, cuyo nivel en seis horas había ascendido treinta centímetros. A la tarde se habló de abandonar el campamento; pero al ordenarse el *arrimo* de las caballadas, supimos que los arroyos que cruzaban el valle estaban a nado y que la salida era imposible. Estábamos a 17 de julio.

Los primeros tres días se carnearon las reses que el proveedor tenía en el corral para el consumo de uno solo.

La división se hallaba sitiada por el agua. A la espalda el río, a los flancos y al frente el caudal de los arroyos desbordados en el valle, avanzando amenazante, furioso, cual si aquello fuera un ser con vida animado del propósito de aniquilarnos. Se levantó un parapeto para impedir que el agua llegara a las habitaciones.

Se quemaron las cuadras de la tropa y los ranchos de los jefes y oficiales para las guardias y los fogones.

Faltó la carne.

El ayudante Conde, por orden del jefe de la división, había reunido los *caballos de servicio* que quedaron en el campamento y los repartía a los cuerpos en porciones tan repugnantes por el estado de los animales, como homeopáticas por la cantidad.

Sentíamos hambre y frío.

Faltó la sal.

El suelo, bajo la presión del pie, se hundía; el agua brotaba de todas partes; y sin embargo, la tropa hacía ejercicio, las bandas de música llenaban el aire de armonías y el jefe hablaba de ordenanza y de reformas, se mostraba entero, sublime, con la conciencia del peligro, pero con la abnegada arrogancia del héroe que burla a la muerte provocándola a una lucha brazo a brazo.

¡Qué temple de alma el de Villegas!

¡Qué hombres aquellos: Campos, García, Fernández Oro, Sosa, Solís, Victoriano Rodríguez, Cerri, Nadal, Ruibal... qué sé yo! ¡Una legión de valientes que no desmerecerían en la *Ilíada*!

¡Y la tropa!

En aquella división no había un solo hombre que diera por su vida un mes de sueldo. No obstante, de noche, antes de la hora *del silencio,* la guitarra se oía en todos los fogones, sin verse una sombra en ningún rostro.

Si Dios había decretado la muerte para aquellos leones, debió conmoverlo tanto heroísmo, tanto desprecio por la vida, que levantó su condena.

El 5° de Caballería, a órdenes de Vintter, que se había separado de la división para ir a Fico-Menocó (hoy General Roca), no tuvo tiempo de dejar el valle y estaba cercado por la inundación.

Su tropa dormía sobre un pantano, en medio de la caballada muerta, cuyos miasmas envenenaban el aire. Con descargas de carabina pedía auxilio o anunciaba la gravedad de su situación.*

Nosotros las oíamos, pero ¿qué hacerle? ¿No era nuestra suerte igual? El cadete Crovetto —del 3° de Caballería—, hoy capitán en el Estado Mayor, acompañado de algunos soldados nadadores, fue desprendido una tarde en busca de hacienda para la división.

Cruzó heroicamente aquel mar helado, y dos días después volvió deshecho por la fatiga, desgarradas las carnes por las espinas de los chañares ocultos debajo del agua, conduciendo unos novillos que halló refugiados en un albardón. Al cruzar el paraje donde el ingeniero había trazado la plaza principal del pueblo Avellaneda, el agua era allí tanta y tan rápida su co-

---

*   Publicado este artículo en *El Diario,* el señor José Juan Biedma publicó en *El Porvenir Militar* una carta en la cual podrá el lector recrear la imaginación y el gusto, asistiendo al drama que con tanta verdad como galanura refiere Biedma. La incluimos en seguida, y es sin duda lo único que tiene verdadero mérito en este librito [véase p.109].

rriente, que para salvar la vida viose obligado a abandonar la hacienda.

Al fin *con algo* llegó; y ese algo fue la vida de la división. Debido a su arrojo temerario no ayunamos completamente esos días. Se le dieron las gracias y ascendió un año después al empleo de alférez, no en premio a su valor, sino en mérito de ser demasiado viejo para aspirante. He buscado inútilmente en el archivo del ejército expedicionario alguna orden en que se mencionaran tantos hechos de abnegación como en aquellos días se realizaron, y no encontré ninguna. Cuando más —me consta—, el jefe de la división agradecía de *palabra* en nombre del Gobierno.

Y mientras en el valle se sufrían privaciones y aguantaban miserias de todo género, *en la loma*, a dos leguas de nosotros, se descubría el humo de los fogones al calor de los cuales departía el comisario pagador con los vivanderos llegados de Patagones y allí detenidos por la *creciente*.

Los milicos de *buena vista* aseguraban que se distinguía claramente el ganado que no podía llegarnos, y hasta pretendían contar las carretas cargadas de víveres o llenas de baratijas.

Nuestra situación tenía algo del suplicio de Tántalo.

No recuerdo cómo se obtuvo un bote*, pero sí no he podido olvidar que aquella embarcación recorría los puntos donde habían quedado guardias de caballada y que eran sus tripulantes quienes nos daban noticia de tanto compañero aislado en medio de aquel infierno. El teniente Villoldo (muerto el 26 de julio del 90 por las fuerzas

---

*   La carta citada de Biedma lo dice.

del cantón situado en la calle Piedad y Talcahuano), del 1° de Caballería, vivía con la fuerza a sus órdenes en las ramas de un árbol y así se sostuvo una semana.

Otros, como un sargento Carranza, del 3° de Caballería, se salvaron después de haber pasado ciento y tantas horas con el agua *escarchada* hasta las rodillas y con la carabina a media espalda y el morral cargado de munición a la cintura.

Cuando en el campamento se perdió la esperanza de salvación, se aprovecharon las últimas maderas de los ranchos para hacer balsas. Creo que se construyeron seis o siete capaces de sostener todas ellas la centésima parte de la división. Pero este medio de salvación no dejaba de ser tan peligroso como el abandono; pues dado el caso de que las circunstancias obligaran a usarlas, es decir, cuando empezara a oírse el grito de *¡sálvase quien pueda!*, ¿quiénes las ocuparían primero? Y los que se salvaran primero, ¿cómo volverían las balsas a los que quedaban?

Entiendo que nunca se pensó seriamente en aquel recurso y que las tales balsas se hicieron más para infundir confianza que para utilizarlas en realidad.

El hoy general Cerri, jefe del Detall, era quien seguía el *movimiento* del río, observando en una señal que había colocado su ascensión cada vez mayor.

Sin embargo, en su cara inalterable como la de una estatua, jamás pudimos conocer la verdad del peligro.

Un día lo detuvimos, en momentos que venía, tal vez, de comprobar que sonaba nuestro último momento, y nos permitimos preguntarle:

—¿Y, comandante, *eso sube*?

—¡Qué esperanza, amigo! ¡Ha bajado dos milímetros! Ya no hay peligro alguno.

Y aquel hombre, que tenía en el corazón el recuerdo de su esposa y de sus hijos, que tenía la convicción de no verlos jamás (había observado que el río crecía furiosamente), para infundirnos confianza nos llevó a su toldo y celebrando, lo que él llamaba *nuestra escapada,* entre risas y picantes comentarios, distribuyó idealmente en los bolsillos de la división el tesoro del pagador y en las maletas de los milicos vació aquellos carretones que divisábamos a lo lejos y que hacíamos cargados de cuanto el estómago ambicionaba.

El peligro fue inminente una mañana. El parapeto se desmoronaba y el agua avanzaba impetuosa, amenazando el último albardón que pisábamos. Las bandas de música, en tanto, hacían oír sus mejores piezas, y con la muerte a un paso, las compañías y escuadrones pisaban barro, obedientes a la voz del instructor que mandaba el ejercicio.

Aquello se hundía, iba a desaparecer una división del ejército, pero con las armas presentadas, batiendo marcha, al aire la bandera azul y blanca, despidiéndose de la vida sin miedo, sin afectación, con la altiva arrogancia que infundían en el alma las notas del Himno Nacional.

Iba a desaparecer una división, no vencida por los hombres, sino cercada y exterminada por Dios.

Y al desaparecer quería ser digna de sí misma y del poder que la vencía.

¡Honor mil veces a soldados de ese temple!

Me atrevo a decir que nadie confiaba ya en la salvación del ejército expedicionario, cuando la bajante del río se pronunció.

Fue tan grave el peligro, dependió de tan poco la pérdida de la división, que parecía verdadero milagro ver desaparecer el agua poco a poco de aquel valle, que pudo ser la sepultura nuestra. Después de catorce días de *sitio*, el océano desaparecía dejando descubierto un pantano inmenso de más de dos leguas que debíamos salvar en el acto.

Los indios, en quienes empezaba a creerse, decían que esa bajante era momentánea, que no tardaría una nueva inundación más grande y más peligrosa.

Con estas noticias la evacuación del campamento se imponía sin demora. Además, la carne y los víveres faltaban, y el estado del suelo, fangoso y movible, no permitía el tráfico de carros ni aun el de caballos.

El 7 de agosto al aclarar el día, y aprovechando que la escarcha había endurecido el pantano, emprendimos la salida a pie, cargados con las armas y las monturas. Era aquel un día espantosamente frío, nublado, triste, como si el tiempo se condoliera de nosotros.

La primera hora de camino no fue del todo mala. El barro endurecido soportaba, sin hundirse, el peso del cuerpo, pero cuando el viento empezó a *derretir* la helada aquello fue horrible, sin nombre.

Los soldados, agobiados bajo el peso de las monturas, se *pegaban* al fango, dejando las botas en las grietas del terreno. Las mujeres de la tropa, cargadas con los trastos de cocina las unas, con los hijos otras, avanzaban dolorosamente, ensangrentados los pies, las ropas desgarradas, anhelantes por llegar a la loma salvadora. Llevábamos seis horas de fatiga y apenas habíamos adelantado una legua. Aquello era el prólogo que faltaba al drama de la inundación.

A medida que avanzábamos, descubríamos aquí y allá, en todas direcciones, montones de caballos ahogados; y entre ellos la tropa de novillos que el proveedor había reunido para el abasto de la división. El aire estaba infectado por las emanaciones de cinco mil animales en descomposición.

Cuando la noche empezó a tender su velo sobre la tierra, llegábamos al pie de las barrancas, a lugar de salvación. Diez horas de marcha angustiosa fueron precisas para alcanzar aquel refugio.

Allí, todos mojados, ateridos de frío, a la intemperie, olvidamos la fatiga del día y el peligro de antes para entregarnos al regocijo. Allí había bueyes: se carnearon, y cuando el corneta de órdenes tocaba retreta no había un hombre triste ni quejoso en la división. El churrasco se asaba en todos los fogones y la guitarra y el canto alegraban el espíritu de los soldados.

No sé si todos dormirían profundamente —a pesar de no tener cama ni trapo seco—, pero es indudable que ninguno dejó de soñar con el comisario pagador, cuya cara y cuyos pesos debíamos ver en seguida.

Al aclarar emprendimos nuevamente la marcha —siempre a pie— y a las diez de la mañana acampábamos en la vertiente de la sierra, al abrigo de todo *arrebato* del río Negro, y en donde se dijo que iba a levantarse de veras el pueblo Avellaneda.

Quince días después el río volvió a desbordarse, y en esta nueva inundación el campamento que tuvimos desapareció completamente, cubierto por el agua.

Yo no dudo de la ciencia del ingeniero que nos *encajó* en el valle, pero tampoco creo que fue justo reírse de los indios que nos aconsejaban no poblar allí.

EL BOTE DE CHOELE-CHOEL
RECUERDOS DE LA EXPEDICIÓN
AL RÍO NEGRO EN 1879

Señor capitán don Manuel Prado:

Con el interés que despiertan siempre en mí esa clase de trabajos, he leído el hermoso fragmento de sus "Escenas de la inundación" que publicó El Diario días atrás, trabajo que revela su amor a las glorias de nuestro bizarro ejército y que le merecerá a usted la consideración de sus conciudadanos en general. Si los señores jefes y oficiales argentinos se tomaran el trabajo de salvar del olvido sus recuerdos militares como usted lo está haciendo, escribiendo la crónica de las múltiples campañas que han seguido, nuestros anales militares enriquecerían asombrosamente, y cuánta hazaña, cuánta acción hermosa, ignorada, obscurecida hoy, brillaría en sus sencillas páginas. Servirían esos modestos bravos a la patria con la pluma tan cumplidamente como la han servido con la espada.

Pero esto es predicar en desierto. Vamos al objeto de esta carta. En el artículo a que hago referencia se muestra usted ignorante de cómo obtuvieron en Choele-Choel el bote que tan importantes servicios les prestó en las aflictivas circunstancias que atravesaban.

En posesión de todos los datos al respecto, voy a facilitárselos. Los recogí persiguiendo su mismo propósito: escribir la historia de aquella bizarra división argentina que arrebató sus misterios a la Patagonia y entregó a la civiliza-

ción miles de leguas de tierra hasta entonces sólo fecunda en barbarie.

Sabe usted que el coronel D. Lorenzo Vintter, hoy general de brigada, salió de Choele-Choel en los últimos días de julio del 79, cuando ya eran notables los efectos de la creciente del río Negro. Apresuró, en consecuencia, su marcha para alcanzar el punto donde pastaban sus caballadas. La travesía hasta las inmediaciones de la "Laguna del Cura" la efectuó por terrenos inundados ya por los desbordes de aquel hermoso río que parecía unir sus iras a las del salvaje, señor de la conquistada región, contra los soldados de la patria; al llegar a ese punto el bizarro 5° de Caballería tuvo que dejar empantanado el carro que conducía sus archivos y perdió también la vida una infeliz mujer del piquete de baquianos. Algo más adelante, al atravesar un arroyo formado por el desborde de la nombrada laguna, murieron un soldado y un muchacho, trompa del regimiento, arrebatados por la fortísima corriente. Próximo ya a la laguna, el coronel Vintter hizo acampar sus tropas con objeto de salvar el archivo y pensando poder continuar la marcha al siguiente día, pero en la noche el agua invadió el campo que ocupaba, imposibilitándole todo movimiento, pues el arroyo "Salado" había salido completamente de madre y era temerario pretender atravesarle. Un solo medio práctico se ofrecía y el bravo lo tentó, pero el éxito no correspondió a sus esperanzas.

Acompañaba al regimiento un número considerable de mujeres y niños, familias en nuestro soldadesco lenguaje, y a ellas, como era natural, dio el coronel la preferencia en el salvamento. Como Dios y su enérgica voluntad le dieron a entender, buscó maderas para construir una balsa y las obtuvo, pero al atravesar ésta la rapidísima corriente, apoyada por una improvisada maroma, hubo de zozobrar; el ojo experto del coronel, que vigilaba ansioso la operación, comprendió

el peligro y la orden de cortar la maroma no se hizo esperar;
un hachazo oportuno arrancó de las garras de la muerte a
aquellos infelices que debieron la vida al benemérito jefe, que
exponía, en cambio, la suya a cada momento con soberbia
abnegación.

La situación era espantosa: la muerte se presentaba
inevitable; y lo que es peor, obscura, sin gloria, exenta de los
prestigios del combate, de la aureola luminosa de la batalla...
Y había que esperarla con frente serena y corazón entero;
luchar con ella brazo a brazo, disputarle el triunfo oponiendo a la terrible, incontrastable potencia de su avance, los
recursos pobrísimos que la misma naturaleza ofrecía. No
había salidas: todas estaban tomadas. Un vasto, inmenso
circuito de agua por doquier, y ocupando el punto céntrico,
único libre de la inundación, aquel puñado de valientes que
fijaban las miradas en el jefe impasible, dispuesto a ahogar-
se de pie.

Aquellos corvos y brillantes sables que tantas veces se
habían desenvainado para dar con sus relampagueos luz a los
campos de batalla, se desnudaron entonces para cortar rama-
zón en los montes y formar con ella un albardón de un metro
y medio de altura donde pudiera refugiarse el regimiento; su
frente, batido por la corriente, fue resguardado por los carros
y el lado opuesto reforzado por un terraplén en que nuestros
soldados encendieron sus alegres fogones. Al declinar la tarde
el trabajo estaba concluido: el agua distaba ya sólo dos cuadras del punto ocupado por los veteranos del 5°. El coronel
Vintter ordenó carnear veinte reses, distribuir el racionamien-
to, asar la carne y que todos se asilaran en el albardón. Opor-
tuna medida, porque a las 9 de la noche el agua lamía los flancos de aquel baluarte de ramas y hojarasca.

Allí, en aquella angustiosa posición, permanecieron
nuestros valientes cinco mortales días, viendo a cada hora

ascender fatalmente aquella enorme masa de agua en demanda de sus vidas, mientras que la terrible viruela hacía estragos en sus filas y contando para combatir sus efectos sólo con los conocimientos de un soldado que desempeñaba el papel de médico y de cirujano y que, en verdad sea dicho, ¡prestó eminentes servicios! Cinco días en que el coronel Vintter no durmió un solo momento, dominando la fatiga con energía sobrehumana, haciéndose superior a la adversidad, venciendo sus más rudos embates. Revistaba en el regimiento en clase de alférez el hoy mayor Eduardo Drago, a quien el coronel confirió la dificilísima comisión de salir en busca de auxilio, mientras que al malogrado teniente Crouzeilles se le ordenaba salvar a todo trance las caballadas y haciendas, lo que consiguió sin perder un solo animal.

Aquel oficial atravesó audazmente la parte inundada y llegó a la próxima cuchilla con dos bravos menos, ahogados en el trayecto. De allí se dirigió a la colonia "General Conesa", al cargo entonces del sargento mayor don Antonio Recalde, que desempeñaba el puesto de Intendente Especial de Indios, directamente subordinado al gobernador de la Patagonia, coronel don Álvaro Barros, y a cuyo jefe pidió dicho oficial los auxilios necesarios. Este no tenía qué darle y le dirigió al comandante del vapor nacional Triunfo, teniente coronel don Erasmo Obligado, que ordenó a Drago regresara a "Conesa" llevando la siguiente comunicación:

En marcha, julio 30 del 79.
(a las 4 p. m.)

Al sargento mayor Recalde.

En este momento acaba de llegar el alférez del 5° de Caballería don N. Drago, el cual ha bajado a ésta para *que le facilite un bote, porque fuerzas en Choele-Choel están amenazadas de una inundación. Como no puede dicho oficial llevar el bote, porque no tiene carreta, mandaré un botecito con la carreta que traigo para que me haga la leña.*

Al mismo tiempo espero que usted remitirá sin pérdida de tiempo *las chalanas que haya en ese punto.* No se pare en medios para auxiliar esas fuerzas.

Sin más, soy de usted su amigo.

Fdo.: E. Obligado

En Conesa existía sólo un bote, y su propietario, un presidiario, llamado José Caneiro, deseoso de sacar el mayor partido posible explotando lo angustioso de la situación, exigía para su entrega el pago adelantado de cinco mil pesos.

El mayor Recalde no tenía esa cantidad ni mucho menos, y entre lesionar los intereses de un individuo, que podía ser remunerado a su tiempo, y dejar perecer a sus bravos compañeros de armas, optó por lo primero: expropió el bote, sacó de las mulas del coronel Villegas que cuidaba el alférez Acevedo, del 1° de Caballería, cincuenta animales, y con este auxilio y un carro generosamente cedido por el ciudadano don Fermín Viera, más diez indios de la colonia, mandó el bote para salvar las fuerzas comprometidas por la inundación.

En tanto había llegado en auxilio de Vintter, que ya había perdido cinco soldados y una mujer, una embarcación al mando de los tenientes Oliva y Funes; estos meritorios oficiales de nuestra armada se hallaban en la confluencia de los ríos Neuquén y Limay, y aunque llegaron cuando ya el agua descendía, su concurso fue utilísimo para efectuar el pasaje del Salado. El bote enviado de Conesa llegó dos días después y Vintter dispuso inmediatamente que el teniente Mariano Vega con *cuatro soldados descendieran en él hasta Choele-Choel por el río Negro y se pusieran a las órdenes del coronel Villegas, cuya comprometida situación pinta usted de mano maestra en su interesante trabajo.*

El coronel Vintter dirigió al mayor Recalde la siguiente carta, que, como todos los demás documentos pertinentes, obra original en mi colección:

Río Negro, agosto 5 de 1879.
Señor sargento mayor D. Antonio Recalde.

Estimado amigo:

Agradezco a usted infinito la molestia y actividad que ha tomado a fin de remitirme el bote para poder salir de la situación afligente en que me encontraba con mi regimiento.

En primera oportunidad le mandaré el carro, pues por el momento sólo le despacho los indios.

Si el comandante Bernal mandase algún bote para mí, que no será difícil, espero lo devuelva, pues hoy me encuentro salvo con el cuerpo y no hay necesidad suban hasta este punto, a no ser para el coronel Villegas.

Sin más por ahora, me es muy satisfactorio saludarlo, debiendo usted contar siempre con su affmo. amigo.

Lorenzo Vintter

Ya tiene usted aclarado el punto obscuro de su precioso artículo; ya sabe cómo y en qué circunstancia llegó a ustedes el providencial bote que tantos y utilísimos servicios les prestó, pero lo que usted no sabe y sabrá ahora es el funesto resultado que tuvo para el activo auxiliador de sus compa-

ñeros de armas la meritoria acción que, obedeciendo órdenes superiores, pues lo eran de Obligado, y a los dictados de su conciencia, llevó a cabo.

Pocos días después recibía el mayor Recalde la siguiente nota:

Julio 31 de 1879.

Al Intendente Especial de Indios, sargento mayor don Antonio Recalde.

Me dice el señor Gobernador le diga a usted ha hecho mal en expropiar el bote de don José Caneiro, sin haber tenido orden para hacerlo, ni de él, ni tampoco del jefe del ejército expedicionario, coronel don Conrado Villegas.

Sobre todo, estando en peligro las fuerzas de su mando, que también necesitan de auxilios. Hubiera usted hecho muy bien en tomar el bote si hubiese sido para socorrer a los habitantes de esa colonia, ni aun que no lo hubiese querido prestar el dueño.

Si el bote no ha ido a Choele-Choel, lo hará usted quedar allí y lo entregará al dueño, después de haber sacado de esa colonia todo lo que haya.

Dios guarde a usted.

Julián Murga

¿Por qué esta intempestiva desaprobación que dejaba tan mal parado al gobernador de la Patagonia, que la inspiraba, y a su firmante el comandante militar de Patagones, ambos jefes de alta graduación de ese ejército, cuyos soldados habían estado a punto de perecer y en nombre de cuya salvación había procedido el subalterno?

Caneiro había protestado de todos modos del despojo que se le había hecho, pero no en forma y por la vía práctica; lo había hecho allí, en la colonia, a gritos denostando al jefe del punto, escandalizando públicamente con su vocabulario soez. Recalde perdió la paciencia y le ordenó el abandono de la colonia, de todo lo que dio cuenta detallada al gobernador Barros; pero Caneiro salió a la cruzada al indio conductor de la comunicación e interceptó la nota, mientras él ganaba tiempo, presentaba su queja y arreglaba las cosas a su paladar. En consecuencia, se ordenó la instrucción de un sumario de cuyas resultas fue el citado mayor pasado a la plana mayor inactiva en octubre del 79 hasta septiembre del siguiente año, o lo que es lo mismo, se le quitó el pan de sus hijos por hacer cuanto en su mano estuvo para salvar de la muerte al 5° Regimiento de Caballería.

Y decimos esto porque de la nota que antecede se desprende que no se desaprueba el hecho de haber quitado el bote a Caneiro, para lo que se le autoriza, ¡sino de haberlo quitado para enviarlo donde se ahogaban los soldados de la patria!

En Conesa sus servicios no eran necesarios porque sus habitantes, debido a las providencias tomadas por el intendente, se hallaban refugiados en la inmediata cuchilla a cuya altura no hubieran jamás llegado las aguas del río Negro.

Concluyo esta larga carta con mis votos porque persevere usted en la empresa que ha acometido y porque para ella le sean de alguna utilidad estos rápidos apuntes ligeramente extractados de mi archivo.

Su amigo y ex compañero de armas.

J. J. Biedma

Agosto de 1891

¡A MUERTE!

A mi distinguido amigo Alfredo Madero

I

Yo no sé cómo diablos había podido desertar aquel infeliz Cayuta.

Inútil, maturrango, tonto, verdadera víctima de un teniente alcalde jujeño, estaba en el regimiento como podría estar en Pekín: *porque lo llevaron.*

Ensillaba el caballo colocando el lomillo debajo de la jerga, en el lomo *limpio* del animal, y ponía el freno en la boca del bruto, porque alguien, tal vez, le dijo que no era la cola *su sitio.*

La mula peor del rodeo era para Cayuta; para él era la *tumba* sucia, la última piltrafa de la ración. Lo *apostaban* de centinela, y apenas el relevo se alejaba unos pasos cuando caía dormido, rendido por el tremendo cansancio de la jornada.

En la marcha al río Negro, viéndolo ir sobre el caballo, como un fardo mal atado a la *cangalla*, más de una vez lo miré con lástima profunda.

No murmuraba jamás, y sin embargo lo apaleaban siempre.

El pobre era, de veras, tan absolutamente inútil, que nunca se pudo conseguir pasara una sola revista sin llevar castigo.

Cuando sobraba ropa, a Cayuta habían de faltarle las camisas.

Por la mañana se le entregaban los cien cartuchos que debía llevar en el municionero, y a la tarde, al preguntarle por ellos, enseñaba el morral descosido en un lado y decía, con su tonada jujeña:

—*Si lo e perdío.*

—¿Y cómo ha perdido usted la munición, so pícaro? —interrogaba el cabo.

Cayuta ya no hablaba más. Una mueca era su respuesta, mueca que bien interpretada hubiera detenido la autoridad del superior.

Sin embargo, el cabo creía que aquella sonrisa de idiota era puro cinismo y desvergüenza.

—¡Diez palos a Cayuta!

Y el pobre jujeño, encorvado, mordiendo el labio por temor de que un lamento que dejara escapar redoblase la pena, ponía la espalda, aguantaba mansamente la paliza, entraba luego al calabozo y se dejaba caer como un saco de basura, sobre la manta patria, a la que iba a confiar sus penas, empapándola con el llanto que tal vez, cuando nadie lo miraba, dejaba caer por la tostada mejilla al recordar la choza jujeña, la mujercita que dejó pobre y desnuda, los hijitos, que no pudo besar siquiera cuando el alcalde fue a sacarlo del rancho, sin motivo, sin causa, sin otro objeto que el de reemplazar al peón de Zenarruza, que había sido destinado por bribón.

Otras veces, cuando le tocaba estar de guardia, olvidaba el número que tenía y hacía centinela por cualquiera que tocándole el turno le dijera al ser llamado:

—Te nombran, Cayuta.

—¿A mí?

—¿Y si no a quién?, ¿no *sos* el 8?

—*¿Io? Io no sé...*

—*Movete,* que te van a *garrotear.*

Y el infeliz, trabándose en el sable, batiendo de frío los dientes, débil, allá iba como un borrego, sin saber a qué ni a dónde.

A poco de haber llegado a Choele-Choel la división, Cayuta faltó a una lista. Se le buscó en el campamento: no estaba.

Pasó la segunda lista, luego la tercera, y por último no hubo más que inscribirlo en el libro de novedades con la nota de desertor.

Nadie creía en la deserción de aquel desgraciado; según la opinión general debía haberse ahogado en el río.

¿A dónde iría, desertado, el pobre Cayuta?

Pasaron los días, hasta que uno, hallándonos acampados en "Negro Muerto", volvió una comisión de recorrer el campo trayendo a Cayuta, que había sido hallado a pie, rumbeando al Colorado, flaco, aniquilado, enfermo de hambre y de fatiga.

Fue entregado a la guardia; y al ir a copiar la orden general, cuál no sería la sorpresa nuestra al ver que se nombraba un consejo de guerra verbal para juzgar al desertor.

Nos parecía aquello un sueño.

Es verdad que la deserción es un crimen militar castigado con la pena capital en las circunstancias en que se desertó Cayuta; pero este infeliz ¿era acaso un soldado?

Ante la ordenanza rígida y severa lo era completo.

Ante nosotros, hombre al fin, no era más que un pobre diablo, demasiado castigado con tenerlo lejos de su tierra, alejado de la *coya* que recordaba con dolor profundo.

El consejo se reunió y falló.

Zelarrayán, defensor de Cayuta, hizo prodigios por salvarlo; pero todo inútil.

Veinticuatro horas después de la llegada de Cayuta al campamento, entraba el pobre en capilla y oía, como había vivido, sin protestar, sin mover los labios siquiera, la sentencia fatal.

Al día siguiente, a las diez de la mañana, iba a ser fusilado al frente de la división.

Zelarrayán fue verlo, por última vez, a ofrecerse como oficial y como hombre, y lo encontró sentado en el suelo, cruzadas las piernas, a lo turco, fumando, impasible en la apariencia; pero con el alma en Jujuy, en el ranchito, en los hijitos, en las breñas donde, cuando niño, corría detrás de los chivatos, sin penas, libre, inocente, sin vislumbrar el banquillo que lo esperaba.

¡Pobre Cayuta!

Nada quería para él —dijo a su defensor— ni siquiera el indulto. Sólo deseaba que se le escribiera a su familia diciéndole cómo había muerto, mandando la bendición a sus hijitos, un abrazo a la compañera... y nada más.

Sonrió como sonreía siempre, sin expresar pena ni contento, cuando Zelarrayán quiso conformarlo haciéndole creer en la posibilidad del perdón.

¿Para qué quería la vida el infeliz aquel?

La muerte era su redentora, su descanso supremo, su anhelo, el deseo ardiente, que tal vez sintió en la existencia de bestia que había llevado.

La justicia de los hombres quería infligirle el último castigo, sin pensar que la pena era un bien para aquel hombre.

¿Qué son cuatro tiros para un desgraciado como Cayuta?

La muerte puede llevar la desesperación al alma del joven que sueña todavía con placeres y alegrías inefables; pero el corazón de un pobre condenado a vivir como esclavo de esclavos no puede sentir miedo en el instante supremo de cruzar la línea que separa el *mundo finito* de la eternidad.

Grande era, sin duda, el poder de la ley que iba a quitarle lo que sólo Dios puede dar; ¿pero acaso esa ley podría impedir que el alma del paria subiese al cielo?

¿No era el coronel Villegas quien firmaba el *cúmplase* al pie de la sentencia pronunciada por el consejo de guerra?

¡Y bien!

Jueces y jefes, jóvenes y viejos, cuantos quedaban, tendrían que llevar todavía hasta que el destino se cumpliera la pesada armazón del esqueleto.

Cayuta, el infeliz, el condenado, al día siguiente sería más feliz que todos.

Lo matarían —estaba escrito—; ¿pero acaso matarlo no era redimirlo?

¡Oh la ley!

Cuando cree que ha dictado la sentencia más horrible contra el hombre, escribiendo en el Código la pena capital, el condenado sonríe, mide a su juez con la mirada, y parece como que le quisiera preguntar: "¿Y después?"

¡Después, nada!

Un cadáver, un hoyo para enterrarlo y una gota de sangre más manchando la conciencia humana.

II

Eran las nueve y media de la mañana.

La división había formado cuadro para asistir a la ejecución del desertor.

La tropa, silenciosa, triste, esperaba descansando sobre las armas.

En medio del cuadro, a caballo, el jefe nombrado, para mandar las fuerzas.

El trompa de órdenes toca atención.

Óyese la voz de:

—Al hombro... ¡Ar!

Aparece en un ángulo del cuadro el ayudante Conde al frente de los sargentos del Regimiento 3°.

Se toca bando y el ayudante pronuncia la fórmula de ordenanza:

—"Por la patria y por la ley, pena de la vida al que pida por el reo".

Repiten el bando las cornetas, y la misma formalidad se lleva a cabo en cada uno de los frentes del cuadro.

Retírase el ayudante con su escolta y entonces el trompa indica a las bandas de los cuerpos marcha regular.

—¡Cuadroo! —manda el jefe—. ¡Presenten las armas!

Llega el reo, custodiado por *la guardia de capilla,* se dirige al frente de su regimiento, se arrodilla al pie de la bandera y oye por última vez la sentencia que va a cumplirse.

Llenado este requisito, se levanta y marcha a hincarse de nuevo frente al piquete de ejecución.

Un soldado le venda la vista.

Un instante de imponente silencio sobreviene y...

—¡Fuego!

Óyese la descarga, desplómase el cuerpo de la víctima, y en seguida el jefe de las tropas se hace oír:

—¡Cuadroo! Por mitades a la derecha en columna. A sus cuarteles, redoblado. ¡Mar!

Y al son de tambores y cornetas se desfila por delante del cadáver *con vista a la izquierda* para verlo bien.

Así acabó Cayuta su triste vida.

Al pasar delante de su cuerpo no podía evitarse un movimiento de horror.

En la espalda veíanse claramente los agujeros abiertos por las balas al salir, mientras que la chaquetilla, quemada por el *fogonazo,* dejaba escapar una tenue nubecilla de humo producida por la combustión del paño.

Concluido el desfile, *ahí no más* se abrió un pozo en el suelo y en él cayó para siempre el cuerpo del infeliz sacrificado para satisfacer la ordenanza.

Ni una cruz, ni una señal cualquiera indica la tumba de Cayuta.

¡Mejor!

Tal vez sólo así podrán sus restos descansar en paz, lejos de la mano del hombre, del cual en vida sólo palos alcanzó.

EL PASO DE VENUS

Como este relato no tiene más objeto que fijar algunos recuerdos, sin pretensiones de *libro*, ni siquiera de apuntes para libro; como sólo es un *apilamiento* de cuentitos que como vienen a la memoria salen de la pluma, pensamos que se nos hará gracia del estilo y de la ordenación cronológica, y aun de la exposición, que pudiéramos llamar *lógica*.

En consecuencia, y aclarado este punto, prosigamos.

El coronel Ortega había salido de Ñorquín a cumplir la parte que en el plan de la campaña dirigida por Villegas le cupiera.

Después de cinco días de marcha llegó a los toldos de Millamay, situados a quince leguas al sur del río Aluminé, donde encontró al cacique aquel dispuesto a reducirse con sus familias e indios de pelea.

Tras de un día de absoluto descanso, destinado a reponer las caballadas, Ortega fraccionó su fuerza (trescientos hombres) en direcciones distintas, aunque con propósitos idénticos —sorprender tolderías— tocándole al mayor Daza, del 3 de Caballería, el ataque al cuartel general de Reuque-Curá.

La fuerza a órdenes de Daza la formaban: el mayor Carlos O'Donnell y el teniente Pedro Toscano, con cincuenta soldados del 12 de Infantería, y el mayor Julio Morosini, capitán Rafael Niz, alféreces Prado y del Busto, con cuarenta de tropa del Regimiento 3.

Despedido Daza de Ortega, marchó durante la noche, calculando llegar al toldo de Reuque cuando el día empezara a clarear.

Así fue.

Apenas la aurora asomaba en el oriente, dorando las copas de los árboles, Daza desembocaba al frente de su fuerza en el valle donde el *Generalísimo* había tenido su estado mayor.

¡Nada!

Los toldos desiertos, los corrales abandonados, el fogón sin llama y frío, decían bien claro que el pájaro y sus pichones habían volado.

Los rastros que se hallaron eran *frescos*. Cuando más, la fuga databa de la tarde anterior.

¿Pero qué hacer? ¿Cómo pensar en resultado alguno cuando era fuera de duda que en aquel instante debíamos ser vistos desde los bosques y los cerros que circundaban el valle por el ojo despierto del salvaje?

Campar era lo primero que se imponía, y eso iba a hacerse, cuando de pronto, al salir de un matorral, viose avanzar un jinete, mezcla de indio y de cristiano, por el traje y el apero del caballo. Vestía como el gaucho de las llanuras porteñas, pero tenía *aperado* el mancarrón —un verdadero sotreta *cenizo,* como decía el cadete Santos— al uso y costumbre del roto chileno.

Como hombre civilizado, cubría su cabeza un chambergo reluciente y nuevo, de anchas alas; botas finísimas de charol, *con barrilitos,* prensábanle las pantorrillas; pero —siempre los peros— como indio de buena ley llevaba al talón adherida la famosa espuela de madera, invención indisputable del salvaje.

Se acercó con desenfado y preguntó en castellano achilenado por el jefe *de los españoles*.

—Yo soy el jefe —contestó Daza— pero no mando españoles sino argentinos. ¿Y usted quién es?

—*Ió, ñor* —repuso el recién llegado recalcando el acento chileno—, *ió* soy Paillacurá.

Daza comprendió que, aun cuando no fuera nada más que Paillacurá, tenía de sobra para ser un bribón y merecer las caricias del correntino Vázquez, que se había acercado por si daban orden de *tocarle el violín* al prójimo aquel; pero comprendió que, en su situación, debía ser moderado y tener paciencia aun para llamar amigo y abrazar a Paillacurá.

—Mucho gusto —dijo Daza—. ¿Y qué se le ofrece a mi amigo y hermano Paillacurá?

—Tengo muchito que decir; vengo *mandao* por Reuque acerca del jefe de esta gente y quisiera parlamentar.

—Bueno —contestó Daza—, vamos a campar aquí y hablaremos mientras tomamos mate.

Eligiose un buen paraje para los hombres y los caballos, a orillas de un arroyuelo claro y fresco, como son en la cordillera esos *desagües* de la nieve que se derrite en la montaña, y cuando estuvieron tomadas las medidas que la prudencia aconsejaba, empezó *el parlamento* pedido por Paillacurá.

Daza, O'Donnell y Morosini, sentados en torno del fogón, que en un abrir y cerrar de ojos encendió el asistente, oían con gravedad de senador romano las proposiciones del bárbaro que iba a pedir la paz.

Paillacurá era secretario de Reuque-Curá, intérprete de la tribu y jefe del *registro civil* del territorio. Ante él se casaban los novios y se divorciaban los maridos.

Tenía, según dijo, poder general para negociar la paz y venía a solicitarla en cambio de la sumisión de las milicias del *General.*

Con Reuque estaba su sobrino Namuncurá, y aunque éste influía en el ánimo del tío para no transar con los cristianos, aquél, viejo y arruinado, prefería una paz algo vejatoria —aunque fuera— para su dignidad de monarca, a una libertad llena de peligros, como aquel que representaba Daza con sus soldados y sus fusiles.

Fue tan hábil Paillacurá y supo tan bien manejar los recursos de su diplomacia que, cuando, a las diez de la mañana, después de ir y venir del toldo de Reuque al campamento de Daza, refirió que el cacique había fugado, quedó *bien* en el concepto de este jefe.

No dejaba de infundir sospechas la conducta del *lenguaraz* y secretario, pero el ingenio de que había dado pruebas acabadísimas concluyó por imponerlo como amigo.

—¿Y ahora? —se preguntó Daza—. ¿Ahora me volveré con el cuento de que me pitaron y burlaron? ¡No!

Y haciendo un gesto cual si con él quisiera decir que se echaba el alma atrás, llamó a sus oficiales y les dijo:

—Usted, mayor O'Donnell, por aquel lado —señalando a la derecha—; usted, mayor Morosini, por ese otro —la izquierda—, y yo, por aquí, al frente.

"Marcha: rápida y sin descanso.

"Instrucciones: reunirnos en la cumbre de la cordillera con indios y con chusma prisionera.

"¡A caballo!"

Dejemos a O'Donnell abriendo camino en el monte a *filo de machete* y a Morosini hundiéndose en las barrancas que la nieve sin consistencia ocultaba, para quedarnos con Daza: ya los volveremos a encontrar.

¿Ustedes no conocen a Daza, íntimo?

¿No?

Permítaseme presentárselo.

Todo lo que tiene de excelente soldado y de valiente lo tiene también de testarudo y de *rabioso*.

Aquel fracaso era el primero que sufría en quince años de frontera, lidiando con *peines* como los capitanejos que obedecían a Namuncurá y Catriel.

Estaba acostumbrado a que los indios le hicieran frente en desproporción verdaderamente pampa —y eso le agradaba, sabía cómo le latía el corazón en tales trances— pero nunca se le había ocurrido preguntarse *qué harían* sus nervios en situación como la en que se hallaba ahora.

El hombre estaba *abombao*.

Cuatro o cinco veces dio orden a su destacamento de marchar, y otras tantas lo mandó hacer alto. Si supiera que moviéndose iba a dar con todos los indios de la Patagonia, no hubiera vacilado; pero ante la idea de hallar siempre despoblado el valle y silencioso el bosque, titubeaba y no sabía qué hacer.

Paillacurá estaba a su lado, algo asustado, porque debió ver en la cara del mayor, lívida de rabia, algún signo que le decía: "Este hombre es capaz de una herejía".

De pronto, Daza se vuelve al indio y encarándolo fijamente le lanza esta consoladora proclama:

—Usted, so indio del diablo, va a ir con el capitán Niz; lo va a dirigir de manera que Namuncurá caiga en mi poder para hacer de él lo que se me dé la gana. A usted lo van a llevar atado y de tiro, y... mírelo bien al capitán, y adivine si es capaz de cumplir o no lo que voy a decirle:

"Capitán Niz: usted marcha adelante con cinco soldados y este bribón de Paillacurá. Yo lo sigo de cerca. Si dentro de una hora de marcha no está sobre Reuque o Namuncurá, hace alto y manda lancear a este caballero canalla".

El correntino Vázquez, a riesgo de que le costara una paliza salir de su puesto en la fila, al oír la orden de Daza se puso de un salto al lado del indio.

Niz nombró los cinco soldados que debían acompañarlo, hizo que, por seguridad, fuera atado Paillacurá a la montura por debajo de la barriga de la mula y... adelante.

Daza seguía de cerca, nervioso, espoleando, sin motivo, el infeliz caballo que montaba.

Apenas había transcurrido media hora de marcha, guiados por Paillacurá, cuando un soldado de Niz fue a decir a Daza que tenían indios a la vista.

—¡Al galope! —gritó el mayor.

Y diez minutos después hacía alto para reunir y contar los prisioneros que se acababan de tomar.

Paillacurá no estaba. En la confusión del primer momento se había eclipsado.

En cambio, habíase hecho presa especial: era la familia de Namuncurá, su primera mujer y su hija Manuela estaban allí.

En aquel momento, mientras Daza, algo *templado,* anotaba en su cartera la hora en que había caído parte de la familia real, Venus pasaba por delante del Sol.

Era la mañana del 6 de diciembre de 1882.

Iba a continuarse la persecución cuando apareció Paillacurá, agitado, como alma que lleva el diablo.

Namuncurá, que iba *allicito no más*, a pie, sin armas ni provisiones, lo había amenazado con lancearlo por traidor y él volvía para salvar el pellejo.

Daza, en quien los prisioneros hicieron al principio buena impresión, volvió a mostrarse ceñudo y enojado.

—¡Vamos —gritó—, que Namuncurá se nos escapa!

—No hay *cuidiao,* mayor —interrumpió Paillacurá por hacer méritos—: ese *güeñe* ha *di caer.*

—Y si no cae te reviento por pícaro —replicó el mayor—. Yo voy a enseñarte a ser bribón.

—¡Oh! —concluyó filosóficamente Paillacurá mirando a la mujer e hija del cacique fugitivo—. *Estando la vaca atada el ternero no se va.*

Por más que la *vaca siguió atada*, y a pesar de la actividad desplegada por Daza, ni Reuque ni Namuncurá fueron habidos. Se les tuvo cerca algunas veces, casi al alcance de la mano, pero en aquellas selvas impenetrables se escurrían como reptiles, o se despeñaban en los precipicios con agilidad de clown.

De noche ya, con la tropa y la caballada extenuada de fatiga, Daza acampó, para buscar al día siguiente la unión de Morosini y O'Donnell que operaban —como dijimos— en otros lugares.

Nosotros no podemos saber lo que pasó aquella noche en el campamento de Daza entre las sombras, no podemos adivinar qué ideas pudieron dominar al mayor en las horas largas y fatigosas de la velada; pero cuando, después de aclarar, y mientras la tropa ensillaba los caballos, él saboreaba el desayuno criollo —mate amargo— se le oyó decir:

—Verdaderamente, al pobre Namuncurá sólo le falta ahora que se deje agarrar.

Empezaba a tener lástima del indio. ¡Feliz Namuncurá!

Pocas horas más tarde las fuerzas de Morosini y O'Donnell se incorporaron. El primero de estos jefes había dado alcance a una familia de indios que iba camino de Chile y la traía consigo. El segundo no había dejado rincón en diez leguas a la redonda que no hubiera explorado y batido; y a pesar de estar alerta los indios, pudo hacer ocho o diez prisioneros y dar muerte a tres que se resistieron.

Después de esta operación, la comisión de Daza podía darse por terminada. Y, en efecto, contramarchando, fue a buscar el campamento del coronel Ortega, jefe de la primera brigada.

Sepa Dios qué recuerdo guardará Daza de esta comisión, que nunca se la pudimos recordar sin verlo sonreír y oírle decir:

—¡Ah! ¡Pobre Namuncurá!... ¡Es verdad!... Aquel día fue el "Paso de Venus"... por delante del Sol...

Y de Paillacurá, ¿no quieren ustedes noticias?

Una tarde, atacado tal vez de nostalgia, nostalgia de la china cariñosa y tierna, abandonó la división.

Se fue y no volvió. Pero es que, según dijeron unos indios prisioneros, cayó en manos de Namuncurá, y este, como se lo había ofrecido, lo hizo lancear.

Francamente, si este fue el fin de aquel pillo, es fuerza convenir en que, a veces, cada uno recibe lo que merece.

COMBATE DE CUMULLÚ

Queupo, uno de los capitanejos más dignos del renombre de bravos alcanzado por los araucanos, habitaba las cercanías del lago Huenucó. Desde allí lanzaba periódicamente sus malones, que caían como el rayo sobre los fortines y poblaciones descuidadas en la frontera.

Antes de la expedición al río Negro, el nombre de Queupo era ya conocido en los campamentos: hasta los *pampas* de Pincén, con quienes comerciaba, hacían elogios de su valor.

Contra este indio fue enviado, a principios de diciembre de 1882, el comandante Manuel Ruibal con el alférez Teófilo O'Donnell y cuarenta y cinco soldados del 11 de Caballería.

En el camino tropezó Ruibal con la tribu de Marillán, y apresándola, continuó luego su marcha sobre Queupo.

El camino —una senda por demás estrecha y difícil de transitar— cruzaba a través de los inmensos *tacuarales* que cubren las escarpadas laderas de los Andes australes. Sin mirar atrás, fija la vista y el pensamiento en la cumbre del cerro donde tenía Queupo, en compañía con el cóndor, su guarida, marchaba Ruibal, rápido, forzando el andar de las cabalgaduras, que resbalaban al querer trepar la húmeda pendiente, o que se desplomaban, bajo el peso del jinete, extenuadas, rendidas por la fatiga de aquella marcha espantosa.

Llegó a un paraje en que el camino, accesible aún para la ardilla, no lo era ya para el caballo.

Desmontó, y sin contar qué gente le seguía, escaló a pie el pico más elevado del Cumullú, sin observar que, entusiasmado, enardecido, con la esperanza de apresar a Queupo, se había extraviado de su fuerza.

Halló delante de sí el cauce profundo de un arroyo y lo cruzó, con agilidad de acróbata, por un tronco de roble que los indios utilizaban como puente; pero apenas había salvado este obstáculo cuando vio aparecer de todos lados, lanzando el grito de guerra, a la tribu belicosa del cacique que buscaba.

Miró recién Ruibal para ordenar su tropa, y al ver sólo a su espalda un grupo insignificante formado por el alférez O'Donnell y cinco soldados, dispuso repasar el arroyo a fin de evitar el choque de los bárbaros.

Bajo una lluvia de balas, disparadas por los tiradores de Queupo, pasaron O'Donnell y los soldados.

Iba a retirarse Ruibal, y ya pisaba el puente, cuando alcanzándolo un indio con la lanza, pudo herirlo en el pescuezo.

O'Donnell con serenidad y valentía dirigía el fuego de los soldados que luchaban defendiendo a Ruibal; y aun cuando caían los indios a los tiros certeros de aquel puñado de bravos, tuvieron arrojo bastante para embestir de nuevo al comandante, lancearlo otra vez más y herirlo de dos bolazos en la cabeza.

Un soldado había muerto de un tiro en el corazón, otro estaba imposibilitado por las heridas para batirse; Ruibal, perdiendo sangre, pálido, débil, pero

entero, estaba de pie oponiendo el pecho a los bárbaros que atacaban con furia al ver que sólo tres hombres, un niño y un herido, tenían a raya las ciento cincuenta lanzas más temibles de la Patagonia.

Ayudado por el alférez O'Donnell y el sargento
Bogarín, pasó Ruibal el puente. Estaba salvado.

Vuelven los indios a la carga; pero esta vez sufren
la baja más sensible de sus filas: cae muerto el indomable ranquelino Guaiquiñir.

Retroceden los bárbaros y parece que van a dejar
el campo, pero Millaqueo los arrastra a la pelea y los
empuja, amenazándolos con la moharra ensangrentada
de su lanza.

Recomienza el combate. Ruibal, O'Donnell y los
tres soldados que están de pie hacen prodigios de heroísmo. Se defienden como leones, y al fin Millaqueo
rueda con el cráneo deshecho de un balazo. Esta vez los
indios emprenden la retirada.

Han perdido a sus dos capitanejos más esforzados
—Queupo se encontraba ese día en la toldería de
Gervasio, distante veinte leguas de Cumullú—, están sin
vida quince indios en el suelo, y el número de heridos es
grandísimo.

Seguir combatiendo sería matar a Ruibal y a sus
compañeros, sin duda; pero esto, ¿no acababan de ver
que costaba caro?

Se retiraron.

Ruibal, atendido cariñosamente por O'Donnell,
rasgó la camisa para vendar sus heridas y la del soldado, hizo cargar con el milico muerto, y empezó el
penoso descenso de aquella sierra que debió ser su
tumba.

En el valle dio con la fuerza que había hecho alto

para esperar y buscar a su jefe, y recién pudo darse cuenta del peligro que había corrido.

Tal vez, mientras combatía, allá arriba, debió animarlo la idea de que pronto llegaría su tropa al ruido de las descargas y lo protegería; pero cuál no sería su sorpresa al saber que nada, ni el menor rumor, había llegado a sus soldados.

Ruibal ascendió a teniente coronel efectivo por esta acción más que brillante, O'Donnell fue promovido a teniente 2° y los soldados a sargentos.

El muerto... fue enterrado.

La cruz de *tacuara* que se clavó para indicar su sepultura, ¿habrá durado un día?

Es difícil; todo pasa, todo cambia, todo concluye, y no es la cruz, que indica la tumba de un milico en el desierto, lo que ha de tener más duración en el mundo.

¿Y qué dura más de un día?

El mismo amor, que los poetas pretenden eterno, no es otra cosa que el escozor fugaz de una pasión que nace muerta.

La trinchera

I

Hay ciertamente en la vida del hombre circunstancias tan extraordinarias, que uno se explica fácilmente la superstición de los que tienen fe profunda en augu-
rios y hechicerías.

El señor general Racedo, rememorando en cierta
ocasión sus recuerdos íntimos del Paraguay, nos refería
una sesión de *adivinación* a que asistió la víspera de una
batalla, en la cual, según el *adivino,* Fulano y Zutano
morirían y Mengano sería herido.

—Y —concluyó el general su ameno relato— yo
no creo en lo sobrenatural al alcance del hombre; pero
casualidad, o lo que fuere, el *adivino profetizó* cuanto más
tarde tuvo lugar.

La misma razón que hay para dar crédito a las pro-
fecías de estos oráculos de carne y hueso, la hay también
para creer en ese sentimiento interno que nos anuncia
algo bueno o malo en la existencia. De mí sé decir que
soy víctima de mi estómago y de mis nervios.

Una digestión incompleta o la densidad de la
atmósfera no sólo influyen en lo físico, sino que, en lo
moral, me hacen andar a compás de la sensación que
despiertan.

Y hoy, por ejemplo, que me levanto mirando a la palma de las manos seguro de descubrir el signo del suicidio, concluyo el día pensando si a los ochenta años de edad podré leer aún sin usar lentes.

II

Joaquín Nogueira, mi amigo, teniente del 2 de Caballería, cuando marchó en la expedición de los Andes, el año 1882, iba llevando la convicción de que no volvería de allí.

¿Por qué? ¡Porque sí! Porque se lo anunciaba el corazón.

Antes de salir de Fuerte Roca tuvo necesidad de venir a Buenos Aires llamado por asuntos urgentes de familia; pero no quiso solicitar permiso por no faltar de su puesto un solo instante en el momento preciso de ir a cumplir con el deber sagrado de morir por la patria.

Y marchó.

Y cuando la brigada de que formaba parte hubo franqueado el límite donde empezaba el dominio absoluto del salvaje, Nogueira, afectando broma, pero con entera convicción, repitió a los compañeros su creencia: Él no volvería.

Iba a quedar allí; pero había de quedar con gloria, cumpliendo abnegadamente con la obligación que le imponía su nombre y su regimiento.

No le hacían caso. Creían que eran *mimos* del amigo querido y apreciado; bromas, cuando más, del joven que habla de la muerte porque siente exceso de vida en el corazón.

Sin embargo, esta vez quiso el Destino, desgraciadamente, que los pronósticos de Nogueira se cumpliesen.

Veamos cómo.

III

La campaña contra los indios estaba abierta y se proseguía con tesón.

Al comandante Juan G. Díaz, del Batallón 2 de Infantería, tocole marchar en comisión en busca de una tribu que se decía habitaba el paraje denominado "Huichú Lauquén", y al que sólo era posible llegar salvando las escarpadas montañas que rodeaban aquel valle y cuyo acceso era más que difícil para los jinetes.

Pero nuestros soldados practicaban esta máxima en toda su acepción: "Por donde pasa un indio pasa un soldado, y donde llegan los caballos pampas hemos de hacer que lleguen nuestros patrios".

Y no había qué hacer.

Al tercer día de camino, el comandante Díaz llegó al pie de la sierra, detrás de la cual estaban los indios, y cuando se disponía a subirla observó, no sin sorpresa, que lo esperaban *a la moderna.*

El camino, único para escalar la montaña, era estrecho y tortuoso. A los lados, en partes, profundos barrancos, cortados a pico, y al concluir, en la cima, una barrera formidable, levantada con piedras y ramas de robles y de pinos.

El comandante Díaz mandó avanzar; pero una lluvia de piedras y de balas obligole a cambiar de pensamiento para no sacrificar inútilmente la fuerza que llevaba.

Al mando de una guerrilla del 2 de Infantería desprendió al teniente Manuel Sontag, oficial reconocidamente bravo y audaz.

Los indios, que veían escalar su fortaleza, redoblaban las descargas y precipitaban moles inmensas de piedra sobre los asaltantes.

Con Sontag iba también Nogueira.

Un caballo rodó triturado al abismo y un soldado cayó alcanzado por un disparo de fusil en la cabeza.

Nuestros soldados hacían fuego, pero sin resultado. El enemigo, detrás de las murallas que había construido, era invulnerable al remington.

Cuando Sontag y los suyos alcanzaban la cumbre del cerro y los indios abandonaban el reducto, Nogueira recibió una herida de bala en la pierna que lo postró. La tropa seguía en persecución de los asaltados sin mirar atrás. Sólo un soldado del 2 de Caballería, que vio caer a Nogueira, quedó con él.

Los indios que defendían el desfiladero, al ser éste forzado, huyeron en direcciones distintas; y uno de los grupos que no siguió la dirección del valle, apareció precisamente donde estaba herido Nogueira.

Este valiente, al ver acercarse al grupo de bárbaros contra el cual nada podría, ordenó al soldado que lo acompañaba que lo dejara y se salvase.

—¿Y qué le hice yo, mi teniente —contestó el soldado aquel—, para que me trate así? ¿Por qué quiere que me porte como un canalla?

—Retírate, repito... Anda a buscar protección... Avísale al comandante, que ha de tener tiempo de venir.

—¿Yo? —murmuró el soldado, comprendiendo la intención de su oficial y húmedos los ojos por el sentimiento—, ¿yo dejarlo a usted? No le obedezco, señor.

—¿Pero y tu carabina?

—Se cayó al barranco... No importa... ¿y este qué es?, ¿no vale nada ? —añadió esgrimiendo el sable por encima de la cabeza.

—Bueno, entonces —tuvo aún tiempo de agregar Nogueira—, siéntame arrimado a aquella piedra y alcánzame la espada.

Veinte indios cayeron sobre el oficial y el soldado; este, ágil como el gato, saltaba de un lado para otro en torno de su teniente, que a su vez se defendía, como era posible hacerlo sentado, con la hoja de su espada.

Por flojos que fueran los indios era imposible que no acabaran de una vez con aquellos dos valientes.

Y así fue.

Nogueira, cuando fue hallado, tenía el cuerpo acribillado a lanzazos, la cabeza separada del tronco y los miembros mutilados.

El soldado, abandonado por los indios que lo creyeron muerto, fue recogido herido y llegó a restablecerse por completo.

La indiada que estaba en el valle, al ser forzado el desfiladero, ¡buena la tuvo ese día! La que no cayó a los golpes de nuestros bravos se rindió y fue a aumentar el número de los prisioneros hechos por esa brigada del coronel Godoy, cuya acción en la campaña a los Andes no pudo ser más fecunda ni gloriosa.

Yo no sé lo que dirá la posteridad de esa guerra de fronteras; pero si se inspira en los juicios del presente, no es difícil que la abandone al olvido, como indigna de llamar la atención de los que necesitan de grandes ejemplos para templar el espíritu.

Esta reflexión me la sugiere una observación que vengo haciendo desde hace tiempo; y es que parece que los combates con los indios no tienen importancia ni valor alguno.

Y pongo aquí un ejemplo.

Se leía la hoja de servicios del general Racedo entre un grupo de jóvenes amigos y partidarios del general:

—Hizo la campaña del Paraguay y...

—¡A ver, a ver, eso ha de ser brillante! —interrumpieron muchos a la vez.

—Se encontró en el asalto de Curupayty...

—¡Siga! ¡Siga!

—Hizo tal y cual campaña; hallose en este y aquel combate. (Religiosa atención.)

—Expedicionó a los ranqueles y los redujo o dispersó. (Indiferencia.)

—Conquistó para la patria centenares de leguas y se batió heroicamente contra los indios. (El auditorio se duerme.)

Lo mismo pasa con el general Levalle.

¡Cómo se portó el 80!

¡Qué figura la suya el 26 de julio!

¡Y bien! Los que sólo han visto al general Levalle en las batallas del 80 y del 90 no lo han visto en toda su talla de soldado.

Era preciso que lo hubieran visto en Masallé.

Allí sí que descuella y se destaca; allí se ve no sólo al guerrero, sino también al hombre de corazón.

Puede ser que algún día, con tiempo, nos ocupemos de esa memorable expedición.

PULMARÍ
PRIMER COMBATE

I

El alférez Jacinto F. Espinosa, del 2 de Caballería, que guarnecía con veinte soldados el Fortín Nogueira de la línea de comunicación entre Collon Curá y Fuerte Roca, había pasado el último día del 82 ideando la manera de celebrar el año nuevo allí, a *un millón* de leguas de esta Buenos Aires en que no solamente tenía el joven oficial madre y hermanos que lo recordarían, sino que hasta novia se daba el lujo de tener.

Y en vano aguzaba el ingenio: nada nuevo ni agradable podía imaginar. Cuando llegó la hora de entregarse al descanso, rendido ante el esfuerzo estéril de inventar una fiesta digna del *primero de año*, se acostó diciendo:

—¡En fin! Ya que no encuentro yo nada en mi caletre, vamos a ver qué se le ocurre a Dios para obsequiarme mañana.

Y Dios debió oírlo, porque momentos antes de amanecer sintió al cabo de cuarto que lo llamaba diciéndole:

—Mi alférez: me parece que vamos a estar de fiesta. Vengo a darle cuenta...

—De qué —interrumpió vivamente Espinosa, dando un salto de la cama y *manoteando* las botas.

—De que el centinela ha sentido el ruido de *unas* pisadas de caballo en el pedregal.

—¿Y qué más?

—Que mandé descubrir y el soldado que fue me avisa que ha descubierto un montón de bultos detrás del cerro.

En un segundo estuvo de pie y pronta para lo que sobreviniera la guarnición del fortín, que momentos después era atacada por una partida de cincuenta a sesenta indios. Estos venían, sin duda, equivocados.

De lo contrario no se le hubieran atrevido a una guarnición de veinte hombres; y así debió ser, porque en cuanto descubrieron el número de gente con que tenían que habérselas emprendieron la fuga robándose seis mulas flacas que hallaron a mano.

Espinosa, con diez soldados, salió en persecución de la partida aquella, alcanzándola y matándole tres indios.

Cuando volvió supo que otros indios, en su ausencia, le habían llevado catorce mulas y una *tropilla* del capitán Bustos, y como no tenía ya animales en qué moverse, dio cuenta al coronel Godoy, por nota, de lo ocurrido. Este jefe mandó en seguida —2 de enero— al capitán Emilio Crouzeilles y teniente Nicanor Lazcano, con veinte soldados del 2° de Caballería y veinte del 5° en persecución de los indios que habían robado en Nogueira.

Entre las instrucciones dadas a Crouzeilles figuraban éstas: "La marcha la efectuará por el camino de Pelicurá hasta encontrar las costas del río Catalín, donde le será fácil hallar los rastros de los indios invasores, quienes, según datos, llevan en su fuga esa dirección, buscando internarse en las cordilleras.

"Encontradas que sean las huellas de los ladrones,

los *perseguirá* sin perder momento hasta *alcanzarlos* y darles ejemplar castigo."

II

Tan rápidamente marchó Crouzeilles: que cuatro días después de su salida de Collon Curá, el 6 de enero, dio alcance a los indios en el valle de Pulmarí —próximo a la línea divisoria con Chile—. Allí éstos, reunidos a otra tribu, parapetáronse en las quebradas de la montaña y esperaron a Crouzeilles, quien en cuanto descubrió vestigios de la proximidad de los bárbaros ordenó a su vanguardia —tres soldados— que forzaran la marcha y donde alcanzaran a los indios rompieran el fuego. Él iba en seguida con los que pudieran ir rápido en aquel terreno escarpadísimo y de acceso más que difícil.

A poco andar oyéronse los disparos de la vanguardia que tiroteaba al enemigo, y entonces Crouzeilles, adelantándose con diez soldados, corre en protección de aquella. Llevado de su valor temerario no piensa en otra cosa que llegar al punto donde hay que batirse, y sube la pendiente del cerro reventando la caballada.

Pero aquellos indios *saben demasiado* para ser indios y han tendido una celada *a lo cristiano*.

Llega Crouzeilles a un desfiladero donde no puede desplegar su fuerza y allí, *hábilmente cortado* de la vanguardia que sigue batiéndose bravamente y del resto de la tropa que está en el valle, es atacado con energía por los bárbaros.

El teniente Lazcano, a su vez, se adelanta con cinco soldados en protección de su capitán y cae también en la emboscada.

Los indios necesitan *arrimarse* para concluir con aquellos bravos que llevan ya una hora de lucha y que pueden salvarse cuando la noche, que está encima, cierre por completo.

Entonces acuden a su golpe decisivo y les *va bien*.

En medio de las detonaciones, dominándolas, óyese al capitán Crouzeilles mandar *alto el fuego*.

La tropa obedece.

Ven avanzar multitud de individuos que brotan del bosque, de entre las peñas, del infierno quizás, y los soldados, tan subordinados como valientes, callan, aunque ven el peligro, sin protestar siquiera ni comentar la orden del capitán que los entrega indefensos.

De pronto se escucha aquella misma voz que había dominado ordenando no hacer fuego; pero esta vez tiene el acento de rabia del valiente que siente en la espalda el puñal del cobarde.

—¡Ah, chilenos! —gritó Crouzeilles—. ¡Sólo así han de alabarse de nosotros! ¡A morir, muchachos! ¡Y viva la República Argentina!

Era tarde. Los indios habían caído encima de aquellos pelotones aislados que se defienden a arma blanca, no ya pensando en que disputan al indio una manada de yeguas robadas, sino en la creencia de que defienden del extranjero el pabellón celeste y blanco de la patria. Y aunque allí caen como buenos Crouzeilles, Lazcano y el soldado Carranza, del 5°, el pabellón no se arría, porque el enemigo no concluye su obra de exterminio y se retira para ir a contar donde tenga sus hijos o esposas que la vida de un oficial argentino aun muerto a traición cuesta cara y es difícil de arrancar.

Ahí está Pulmarí. Los soldados de Crouzeilles, que han rechazado, a sable, al enemigo, se retiran —yendo tres de ellos heridos— cuando ya no tienen con quién luchar, buscando la incorporación del sargento Moscarda, que había quedado al mando de la demás fuerza.

Dando cuenta oficial de este suceso, dice el coronel Godoy en su parte:

...El valiente capitán efectúa la persecución con tal actividad que, al cuarto día (6 de enero) les dio alcance (a los indios) en el valle Pulmarí; pero estos indios, reunidos allí con otros, preparan una emboscada y consiguen atraer a ella al capitán Crouzeilles, que con diez hombres se había adelantado de su fuerza al sentir la proximidad de los salvajes, sin considerar el número de enemigos que tenía al frente. En esta actitud fue atacado por cien indios en un desventajoso desfiladero. Mientras esto sucedía, el teniente 2° del Regimiento 2 de Caballería, don Nicanor Lazcano, llega con cinco hombres en protección de sus bravos compañeros, pero tiene que batirse aislado por no ser posible reunirse a aquellos a causa del desfiladero. Unos y otros (Crouzeilles y Lazcano) abandonan sus caballos para vender caras sus vidas en la lucha cuerpo a cuerpo, pero, desgraciadamente, ella tenía que ser fatal para los nuestros por la desproporción numérica y crítica situación en que se hallaban; y así fue que, después de dos horas de pelear como héroes, muere el capitán Crouzeilles, el teniente Lazcano, el soldado Carranza, del 5° de Caballería, y un indio amigo, salvando el resto de este puñado de valientes con tres heridos, gracias a su valor no enervado un momento y a la noche que sobrevino.*

* Los indios fueron los primeros en retirarse: Conste.

Los malogrados capitán Crouzeilles y teniente Lazcano dejaron tendidos al pie de sus cadáveres algunos muertos y muchas lanzas tronchadas, notándose en el primero, al día siguiente, cuando fueron a recoger sus restos, que aún conservaba en su mano, crispada por el coraje y la desesperación, el pequeño puñal de campaña con que se había batido en sus últimos momentos.

III

El que haya leído hasta aquí, estará sin duda sorprendido de que el capitán Crouzeilles, en medio de la pelea, mandara suspender el fuego; pero todo queda explicado transcribiendo los párrafos siguientes, tomados del diario oficial, llevado por el general Villegas, comandante en jefe de la división:

En efecto, el capitán Crouzeilles y el teniente Lazcano fueron asesinados de un modo misterioso. En medio del combate el enemigo inició toques de corneta y el capitán Crouzeilles mandó suspender el fuego. Momentos después los oficiales argentinos eran muertos alevosamente sin tiempo material para defenderse. Entre los adversarios viose un oficial con revólver y espada en mano que los animaba. ¿Era en realidad oficial o indio disfrazado con uniforme militar? No se sabe; pero su existencia es ratificada por todos los testigos figurantes en la información de tan triste suceso.

Indios o no indios, los matadores del capitán Crouzeilles y teniente Lazcano, ¿de qué pueden vanagloriarse? ¡De nada!

Y tan es así, tan se consideraron vencidos, que un mes después, allí mismo, en Pulmarí, volvieron más contra menos a buscar la revancha.

Cómo les fue, es cuestión de otro cuentito, que va en seguida.

Segundo combate

I

Era el 17 de febrero de 1883.

El pequeño destacamento con que había quedado el comandante Díaz vivaqueaba alegremente a orillas del lago Ricalma, cuando de pronto el vigía, colocado en la cumbre de la montaña, avisó que, por el camino de Chile, avanzaba una columna de jinetes. El soldado no se engañaba cuando agregó a su parte: "Y son milicos los que vienen".

Estaba Díaz aislado de toda protección inmediata; y si aquella fuerza que llegaba eran indios en actitud belicosa, el caso era más que grave, desesperado.

El subteniente Carlos Wappers, seis soldados del Batallón 2 de línea, ocho del Regimiento 2 de Caballería y dos del Regimiento 5 era la tropa que mandaba Díaz.

Rápidos, los soldados, a la voz de su jefe, dejaron el valle y en un instante coronaron la cumbre de una pequeña eminencia que se destacaba aislada en medio de aquél.

Era tiempo.

En correcta formación, alineados *como tabla*, allí *no más*, a doscientos metros de nuestros soldados, avanzaba una compañía de infantería, equipada y armada lo mismo que las tropas regulares del gobierno chileno. En el centro de esa fuerza ondeaba, enastada en una lanza, la bandera blanca, que en las acciones de guerra significa tregua, parlamento o rendición.

Buscando la retaguardia y el flanco de los soldados argentinos evolucionaba una columna de ciento cincuenta a doscientos jinetes vestidos como el indio, como el *roto chileno* que merodeaba en los territorios del sur de nuestra patria, compartiendo con el salvaje la vida y el botín que nos arrebataban.

El comandante Díaz, santiagueño bravo y leal, al ver ondear la enseña de paz creyó de buena fe que aquella masa de infantes y jinetes sería, por lo menos, gente civilizada, y esperó.

No quería hacer fuego, aunque su tropa se lo pedía, porque le repugnaba la idea de que a la sombra de aquel lienzo blanco pudiera ocultarse el trapo rojo del bandolero araucano.

Cincuenta pasos separaban a los asaltantes de nuestra tropa, cuando Wappers, una criatura por la edad, se acercó al comandante y le dijo:

—¡Señor, acuérdese de Crouzeilles!

Aquello fue una revelación, un rayo de luz que iluminó el cerebro de Díaz, despertando en su imaginación el drama de sangre que allí mismo había tenido lugar días atrás.

Los indios, a caballo, adelantaban al galope; los infantes hicieron alto, y antes que hubieran terminado la acción de descargar sus Martin Henry, dieciséis balas partidas del grupo de Díaz fueron a probar que ni a traición era posible rendir a soldados argentinos.

Los infantes, uniformados a la chilena, respondieron el fuego, y los indios cargaron lanzando horrible, espantoso, el grito de pelea.

La careta había caído.

¡Eran 300 contra 16!

Partido pampa; celada infame y cobarde que venía a manchar la gloria del araucano de la conquista española, cuyos restos se ven aún esparcidos a orillas del caudaloso Bío-Bío.

Pero debemos confesar que lo que el indio araucano había perdido en grandeza de alma lo había ganado en ilustración.

A las descargas de nuestros soldados los jinetes volvieron grupas, mientras que los infantes, desplegando en guerrilla con precisión envidiable, maniobraron en el sentido de apoderarse del destacamento aquel que los ponía a raya.

Díaz estaba sublime.

De pie, encima de una piedra, dirigía el combate, presentando el cuerpo a los tiradores araucanos que lo tomaron de blanco.

Wappers, el adolescente, con su cara lampiña, con su figura diminuta entonces, con el quepis de subteniente echado atrás, para mostrar altiva la frente, electrizaba a los leones del 2, que suspendían el fuego para vivar al héroe niño.

Los milicos del 2 de caballería peleaban dirigiendo al enemigo pullas alegres y oportunas.

Los sables estaban fuera de la vaina, al alcance de la mano, por si llegaba el momento de que *entraran en juego*.

Sólo para el comandante Díaz, por su responsabilidad, aquel combate era serio.

Para la tropa era simplemente *una bolada*.

Un soldado del 2 de Infantería cayó herido de un balazo en el pecho. Incorporose, dominando el dolor espantoso que lo aquejaba, y haciendo un esfuerzo supremo descargó su fusil gritando:

—¡Viva la patria!

Abatió en seguida la cabeza y expiró, apretando convulsivamente el arma contra el corazón, como si en aquel momento supremo hubiera querido abrazarse a la bandera, mutilada en el Paraguay, de su cuerpo glorioso.

Un sargento del 2 de Caballería, en momentos que la guerrilla enemiga se replegaba para intentar una carga a la bayoneta, tiró lejos de sí la carabina inutilizada, y enarbolando el afilado sable destacose del grupo, ciego de ira y de bravura, sin quepis, inyectados, como el león enfurecido, los ojos de sangre, nervioso, imponente, y a veinte pasos de los asaltantes, exclamó:

—Avancen esas m... aulas, y atropellen los más toros.

La compañía de *indios* había sufrido pérdidas de consideración. Ocho cadáveres habían rodado por tierra, y como veinte heridos tambaleaban en la fila, sostenidos únicamente por rigor de la disciplina.

De nuestra parte contábamos dos muertos y un herido del Batallón 2 de Infantería.

Alguien dijo, entonces, que las fuerzas aquellas que atacaron al comandante Díaz pertenecían a un batallón de línea del ejército chileno.

Ponemos en duda el dato.

Chile no nos quiere, es cierto; mira con desagrado nuestro engrandecimiento, y si tuviera los medios y la oportunidad de tratarnos como al Perú, no dejaría de hacerlo; pero de aquí a la acechanza ruin y a la emboscada rastrera hay una distancia inmensa.

Se nos objetará que los asaltantes de Pulmarí llevaban uniforme de línea y armas de precisión; pero este dato sólo nos autoriza a creer que los indios se hubieran vestidos con los despojos de soldados chilenos muertos o cautivados en la frontera.

Por otra parte, aquella fuga cobarde a que se entregaron cerca de trescientos hombres ante la resistencia de dieciséis soldados nuestros dice bien claro que no se trataba del veterano de Chorrillos y Miraflores, sino del indio degenerado, del salvaje afeminado en las reducciones o acobardado en las pampas de Buenos Aires.

Sin embargo, en los momentos de tenerse conocimiento de la acción de Pulmarí, cuando los ánimos exaltados no daban lugar a la reflexión fría y sensata, creyose que el ejército chileno, que expedicionaba en Arauco, hubiera provocado aquel encuentro en que las armas argentinas brillaron, como habían brillado en la cuesta de Chacabuco las del ejército que cruzó los Andes para libertar la América; es decir, con gloria, con altura, señalando en el granito de las montañas el paso de las legiones que jamás conocieron el camino de la derrota.

El combate de Pulmarí había durado dos horas.

Nuestros soldados, dueños del campo, recogieron los muertos que dejara el enemigo y, después de enterrarlos piadosamente, acamparon allí mismo, para esperar la vuelta del chasque que se desprendió al Collon Curá con el parte de lo ocurrido.

Al caer la tarde, el comandante Díaz adoptó cuantas medidas aconsejaba la prudencia para no ser sorprendido; pero su tropa no pudo conciliar el sueño en toda la noche.

Indignada por la sorpresa de que milagrosamente salvara, hubiera querido marchar detrás del enemigo, acosarlo, batirlo nuevamente y traerlo desde Santiago o Valparaíso si preciso fuera.

El subteniente Wappers, con el prestigio del valor y de la infancia, y el comandante Díaz, con su autoridad de jefe, hacían callar las manifestaciones de indignación que estallaban, pero no podían evitar que los soldados, tendidos en el suelo, se hablaran al oído, contándose sus apreciaciones y sus vistas.

—A mí —decía un soldado viejo y lleno de glorias del 2 de Caballería, a su compañero de cama—, a mí que no me vengan con que los de hoy eran *chalupes*. Cristianos, amigo, como usted y como yo eran los pícaros... ¡Pucha! Si el comandante me hubiera dado soga, ni julepe que les meto con mi *envenao*.

—Pero diga, compañero —replicó el otro—, que no ha visto que si de calientes atropellamos nos envuelven y nos limpian.

—¡Qué van a limpiar esos...! Mire...

—Déjese, compañero. A usted se le hace el campo orégano; pero aquella gente no era lerda ni estaba ciega.

—No, pero estaba julepeada. Y yo, cuando la coyuntura blanquea, le aseguro que no yerro.

—¿Y el comandante? ¡La gran flauta! que estaba entero, ¿eh?

—Sí, amigo. Ese era su deber. Y en veinte años que soy milico no he visto todavía a un criollo con galones cuerpeándole a las de plomo.

—El que me gustó fue el alférez, ¿se fijó?

—¡Cómo, no! Ese mozo tiene entrañas y promete.

—¿Si promete? *¡Pa los pavos!*...

En otro grupo oíanse, de vez en cuando, estallidos de risa que llegaban a los oídos del comandante Díaz, para probarle que si él era bravo y entero sus milicos lo secundaban dignamente.

Un moreno del 2 de Infantería estaba sentado en el

centro de un pequeño círculo, formado por unos cuantos soldados que comentaban la refriega de la mañana.

—¿Qué estabas haciendo, morenito —preguntole uno de los milicos—, cuando te vi manoseando aquel *finao* de barba rubia?

—Nada, hermano. Mirando si aún vivía. Le estaba tomando el pulso.

—¿Y cómo lo *pulsabas* en los bolsillos? Pilchándolo habías de estar, negro bandido.

—Mirá, ¡que me caiga muerto!... No tenía más que una guayaca vacía y toda sucia. ¡Qué iba a pilchar a ese pobrete!...

II

Francamente. La idea de los soldados de Díaz era que aquella noche volverían los indios derrotados en busca de la revancha, siquiera en mérito de la *bolada* que les ofrecía la superioridad numérica. Toda una tribu con armas de precisión, con la disciplina del veterano, con la ventaja de conocer el terreno, no debió irse así *no más*, sin la *yapa*, sin aquella yapa que tenían pronta en sus *portamuniciones* nuestros milicos.

Sin embargo, no volvieron; y Díaz y su tropa quedaron *afeitados* y *sin visitas*.

Aclaró por fin.

¡Tampoco nada!

Entonces, cuando se hubo *mateado* en grande y despachado, como desayuno, parte de uno de los mancarrones muerto la víspera en la pelea, el comandante levantó el campo y emprendió la marcha lentamente, al *tranquito* de la mula, sin darse prisa, *por si acaso*; por si venían otra vez a pedirle el *fuego,* como hace el salteador en los barrios apartados de algunas ciudades para herir de traición al que lo atiende.

Y se retiró tranquilo, sin que nadie lo inquietara, porque tal vez los vencidos, escarmentados y avergonzados, fueron a decir en la toldería que habían tenido que habérselas con un ejército.

El jefe de la 2° Brigada, coronel Enrique Godoy, creyendo que el comandante Díaz podía estar amenazado seriamente, y aun más, creyendo que parte de los asaltantes habían sido individuos chilenos, dirigió al jefe de la acción en Pulmarí la carta que va a leerse:

Collón Curá, febrero 21 de 1883.

Señor teniente coronel don Juan G. Díaz.
Estimado comandante y amigo:

Por nota oficial le transmito las instrucciones pertinentes en presencia del grave suceso que me participa, pero bien entendido que dejo librada a su pericia e inteligencia la libertad de obrar en vista de los nuevos acontecimientos que ocurran, pues en asuntos que puedan acarrear complicaciones internacionales no puedo dictar disposiciones oficiales de un carácter enérgico, sino en presencia de hechos perfectamente definidos e indudables, para no exponerme a comprometer la seriedad y circunspección de la Nación, si por impremeditación procediera partiendo de una base ambigua o errónea.

Es, pues, usted el que está en actitud de apreciar con acierto las ocurrencias que puedan producirse con tropas chilenas dentro de nuestro territorio bien determinado. En tal caso, todos los derechos y razones estarán de nuestra parte.

Si ocurriera el caso expresado en mi nota de tener que desarmar y detener alguna partida chilena, conviene que se reconcentre a algunos de nuestros campamentos, pero anticipándome aviso. Usted, como cualquier otro jefe o autoridad argentina que presencie un avance contra los derechos legítimos de la República, representa en aquel momento a la Nación respecto a las protestas a que haya lugar de formular, y por consiguiente está comprometido el buen tino y pericia del ejecutor.

Le transmito estas consideraciones que su claro criterio las tendrá en cuenta anticipadamente, sólo con el propósito de armonizar nuestras ideas en asunto tan delicado.

La lección dada a los chilenos que han hecho causa común con los salvajes ha sido tan tremenda como merecida. Es bueno que se vayan acostumbrando nuestros pérfidos vecinos a dar la espalda a nuestros soldados en la proporción de diez contra uno, como ha sucedido en la brillante acción dirigida por usted, y que tanto dice en honor de su valor y pericia reconocida.

Lo felicito, pues, con toda sinceridad, y lo harán como yo todos sus compañeros de armas cuando conozcan el suceso por mi parte oficial, donde ocupará un lugar muy preferente, como lo merece.

El chasque sale a las 12 de la noche, dirigido al comandante Moritán en Cumcum-Nicien, desde donde debe envíarsele los seiscientos hombres de refuerzo.

Deseándole nueva gloria, me repito su muy affmo. amigo.

Enrique Godoy

Alguien pensaba todavía, después de esta acción de guerra, que nuestras fuerzas tendrían que habérselas muy seguido con adversarios iguales. Pero, por lo visto, la lección fue dura y provechosa.

—*Pa' probar* —habrán dicho— *es suficiente.*

¡Y no volvieron más indios con fusiles!

—

COMBATE DE CHIMEHUIN

I

Ñancucheo ha sido tal vez el cacique más perseguido en la Patagonia por las tropas de la 2° Brigada.

—¿A dónde va esa comisión que marcha? —Detrás de Ñancucheo.

—¿De dónde vuelve aquel piquete que echa pie a tierra y desensilla los caballos? —De perseguir a Ñancucheo.

—¿Qué indio se resiste? —Ñancucheo.

—¿Qué toldería es inatacable? —La de Ñancucheo.

Y así en todo. El cacique aquel tenía más fama que el Petiso del Chaco, y sin disputa más audacia y más valor.

Siempre a caballo, sobre la división, amagando las caballadas y los fortines; era la pesadilla de los expedicionarios.

Habíanse intentado varios golpes sobre su tribu: pero el indio había sabido esquivarlos con maña y coraje.

Sin embargo, tanto había de andar, que alguna vez le llegaría su San Martín.

Y así fue.

Recorriendo el campo el comandante Peiteado, con una fuerte comisión, desprendió al capitán Vicente Bustos y al teniente Vicente Grimau con veinticinco soldados del 2 de Caballería en procura del buscado Ñancucheo.

Marchaba Bustos con su fuerza, ideando algún medio de atrapar al célebre cacique, cuando de pronto, al trasponer un cerro, descubre en el valle toda una tribu preparada para la fuga de sus familias.

Había allí indios y mujeres, viejos y niños, caballos y vacas suficientes para fundar una colonia.

Es la mismísima toldería del anhelado Ñancucheo. Bustos, sereno, midió de una ojeada el campo y calculó la situación.

Si vacilaba, las familias y la hacienda tendrían tiempo de salvarse protegidas por la indiada que, en número de ciento cincuenta lanzas, se disponía a la pelea.

Así fue que, sin titubear, mandó sacar los sables y cargar. El choque fue terrible.

Los indios del valiente Ñancucheo, desmontados en su mayor parte, sufrieron la carga y se mezclaron a la fuerza de Bustos.

Empezó lo de siempre en estos casos: una lucha espantosa, a sable, a puñal, a mojicones, uno contra dos, contra cinco, contra diez.

El capitán y el teniente Grimau se multiplicaban haciendo prodigios de bravura. Ellos eran los preferidos por los indios; ellos eran buena y apetecida presa.

Bustos era oficial de fila. Grimau había salido del Colegio Militar. Cuando lo recio del ataque disminuía un poco, se buscaban y se miraban como si quisieran decirse, sin pensarlo:

—"¿Ha visto los de fila?" —el uno.

—"¿Y qué le encuentra a los de Palermo?" —el otro.

Nada, diremos nosotros. Allí no se veía más que

una cosa: que el oficial de fila y el del Colegio eran y son, como fueron siempre, hijos dignos de la patria.

¿La tropa que se batía? ¡No hay que hablar! Era del Regimiento 2 de Caballería de línea. Y esto basta.

¿Pero acaso sólo el 2 de Caballería puede tener derecho a este juicio absoluto? ¡No! Todos los cuerpos del ejército son lo mismo. Y si bien hay unos más antiguos que otros, y por consiguiente más numerosos son los triunfos de los que han luchado más que los de los que han tenido menos oportunidades, la *calidad* es la misma en todos. No es cuestión del número del regimiento la bravura del soldado, es cuestión de la sangre que circula en sus venas: es cuestión, simplemente, de que son argentinos.

II

Ñancucheo, presente en aquel combate, dirigía a los indios, comunicándoles con la palabra y la acción la salvaje bravura de su alma.

Era este indio descendiente no degenerado de aquellos araucanos que tuvieron a raya el valor y la disciplina de los conquistadores. Se batía, no contra hermanos, según su creencia, sino contra el extranjero que venía de mundos remotos a robarle familia y territorio.

Para Ñancucheo, como para muchos otros caciques de la Patagonia, ellos eran chilenos, y a Chile pertenecía el suelo que pisaban.

Nosotros éramos *españoles,* o *cuando más argentinos,* lo que en lenguaje araucano parecía sinónimo. Por esta creencia, arraigada por la propaganda en el espíritu de aquellos bárbaros, preferían pasar la cordillera y reducirse a Chile, donde vivían con la ilusión de que estaban en la patria, en el suelo de los mayores, usurpado en parte por nosotros, *españoles malditos* que todo lo queríamos robar. Y tan se nos creía, entre los indios del sur, españoles, y tan es así que confundían este vocablo con el de argentinos, que un tal Camilo Catrigüir, indio chileno que habitaba en Valdivia, escribió al coronel Godoy una carta de la que copiamos el párrafo siguiente, respetando su ortografía:

> Así pues cabayeros argentinos que nosotros no tenimos orden de atropellar a los españoles, ni los españoles a nosotros y ni tenimos permiso de recibir caciques alzado. Antes más bien tenimos orden resistirlo, porque nosotros no lo ayudamos ningún centavos a robar.

Con esta idea, se comprenderá bien la resistencia tenaz de los salvajes. Tenían, antes de la expedición del general Roca, los indios que habitaban al sur del río Negro la convicción de que conduciéndose ellos con bravura nos habían de vencer *por debajo de la pierna.* Que sólo teníamos *la parada,* y que golpeándonos una vez nos iríamos con la música a otra parte.

El desengaño fue más que cruel para los pobres indios: fue sangriento.

Pensaban que la fuerza y el valor de nuestros soldados consistía en las armas de fuego, y nunca nos creyeron capaces de sostener un combate cuerpo a cuerpo, al arma blanca.

Ñancucheo recibió a este respecto una lección dolorosa. Él, el indio más temido del Sur, admirábase de que con ciento cincuenta leones no pudiera vencer al puñado de *españoles* que tenía rodeados.

Bustos estaba herido y tenía tres hombres fuera de combate cuando los indios intentaron un esfuerzo decisivo.

Se entreveraron con nuestros milicos y durante un cuarto de hora no se oyó más que el ruido seco del sable al romper una cabeza, o de la hoja de acero chocando contra la curada tacuara del bárbaro.

El teniente Grimau, acompañado de tres soldados, se batía desesperadamente, defendiéndose de treinta y tantos indios que los habían aislado del resto de la fuerza. Cubierto el cuerpo de contusiones producidas por las boleadas de los indios, sacaban fuerzas de la propia desesperación para caer como buenos.

Ñancucheo había perdido, muertos, treinta y tantos hombres, cuando empezó la desbandada de la tribu, que al ver la resistencia de aquella gente trató de poner a salvo las familias.

En confusión horrible lanzáronse a las torrentosas aguas del Chimehuin, hombres y mujeres, niños y ganado, buscando en la orilla opuesta la salvación.

Entonces, y aunque heridos o contusos, los soldados de Bustos empuñaron recién las armas de fuego y las descargaron sobre los fugitivos.

La mortandad fue horrible: los que salvaron del plomo hallaron en el río su sepultura.

Esta vez Ñancucheo podía quedar escarmentado.

Su tribu fue deshecha totalmente y los jirones que de ella quedaron fueron a buscar en Chile hospitalidad.

Por nuestra parte tuvimos que lamentar seis soldados muertos y el capitán Bustos y un soldado heridos. El resto de la fuerza, sin excepción, había sufrido contusiones de bola. Pero éstas, como nos contaba Grimau alegremente, se curaban fácilmente con agua del arroyo y la sal de la ración.

APULÉ

Si no tuviera a la vista el parte oficial de este combate, autorizado con la firma del señor general Conrado E. Villegas, me hubiera abstenido de referirlo, por temor de que lo calificaran de fabuloso.

Es una de esas hazañas que no se repiten dos veces, porque salvar de la primera es más milagroso que natural.

El 22 de enero de 1883, el comandante don Nicolás H. Palacios que, al mando de la 3ª Brigada, operaba a inmediaciones del lago Nahuel Huapí, persiguiendo a los caciques Sayhueque e Inacayal, envió al capitán Adolfo Drury, al mando de quince soldados del 7° de Caballería, y diez indios amigos, en descubierta, a vanguardia, con la orden de transmitir inmediatamente cualquier novedad que observase.

Marchaba Drury reconociendo el campo, cuando al penetrar en el valle de Apulé descubrió una inmensa multitud de jinetes preparándose a la fuga.

Era la tribu de Sayhueque, toda entera, fuerte de 400 indios de pelea y con no menos de 800 a 1000 familias.

En el acto el capitán desprendió a retaguardia un chasque compuesto de un soldado y un indio a dar cuenta al comandante Palacios de lo que ocurría, mientras que él, sin mirar otra cosa que las familias que iban a salvarse huyendo, carga denodadamente y logra arrebatar el chusmaje y la hacienda de la indiada, sorprendida por el arrojo temerario de aquel puñado de valientes.

Repliégase en seguida, para apoyar la espalda en la falda de un cerro, resguardando de paso el botín que ha tomado, y se prepara para hacer frente a los indios que han de atacarlo cuando vean que no es la vanguardia de mayores fuerzas que vienen en seguida.

Repuesta la tribu de la impresión espantosa que sintiera al caer Drury sobre ella, observa el campo, descubre el camino desde lo alto de una montaña y ve que aquel piquete se encuentra aislado y cortado de todo recurso inmediato.

Avanzan entonces ochenta y tantos indios armados con fusiles de precisión y rompen fuego sobre la tropa, haciéndole once bajas en el piquete de línea.

El mismo Drury es alcanzado por una bala que le hiere *de refilón la frente* y rueda por tierra aturdido por el golpe.

Rodéanlo los soldados, creyéndolo muerto, pero él se levanta entero y sereno frotándose la cabeza y dice:

—¡No es nada, muchachos! Siga la fiesta y nadie afloje.

Oliveros Escola, teniente de artillería y secretario del Comandante en Jefe de la División, que se halla allí en aquel momento, rivaliza en bravura con el heroico Drury.

También él está herido, pero de pie.

Cargan los indios y arrebatan el chusmaje que defiende Drury. Son 400 indios —80 de ellos con armas de fuego— contra 15 hombres, 12 de los cuales están heridos y no pueden exterminarlos.

Las lanzas de los tehuelches no quiebran el valor de nuestros soldados; y ya Drury ha bajado de un sablazo al capitanejo más audaz que se entrevera con la tropa, buscándolo a él, cuando los indios se retiran.

Hay de ellos más de cuarenta cadáveres en el campo. Pero la tregua es corta.

Los bárbaros se avergüenzan de que aquel grupo insignificante de individuos los tenga a raya y vuelven a la carga, sin conseguir otra cosa que perder diez indios más.

Los tiradores tehuelches han enmudecido y el combate se traba al arma blanca y cuerpo a cuerpo.

Los heridos de Drury pelean sentados, echados, como Dios quiere; pero pelean y se defienden.

El capitán no sólo los anima y les infunde valor, sino que juega y se divierte con el enemigo. Para él, aquello no es un combate: es una fiesta de primer orden, con variedad de cuadros en el programa. En medio de un grupo de indios que carga, descubre Drury uno muy alto y corpulento. Amenaza a los primeros con el sable, rojo de sangre hasta la empuñadura, llega hasta el que ha llamado su atención y le parte el cráneo de un hachazo.

La tropa, delirante de entusiasmo ante ese rasgo de bravura, prorrumpe en vivas a su oficial.

Más de dos horas ha durado la pelea y ninguno desfallece. Parecen de hierro aquellos hombres.

Los salvajes están ciegos de ira. Semejante resistencia los enfurece de vergüenza y se deciden a concluir de una vez. Se desmontan y cargan a pie.

Entonces Drury avanza con seis hombres, salta a caballo, sablea a los infantes de *nuevo cuño* y vuelve otra vez a su posición del cerro.

Pero, en medio de todo, la situación del capitán, con su fuerza herida, no podía durar; y a pesar del valor

increíble de que hizo lujo, hubiera perecido, si en aquel
instante el comandante Palacios, llegando al valle, no
cambia la faz del combate.

Sienten los indios la presencia de fuerzas superiores y emprenden la fuga; pero no sin dejar todavía algunos muertos y prisioneros.

El Comandante en Jefe de la División, dando cuenta al gobierno de este brillante combate, se expresa así:

> ...El 22 del mismo (enero) a fin de practicar una
> descubierta y reconocimiento y averiguar el rumbo que
> habían tomado los salvajes, desprendió (el comandan-
> te Palacios) al capitán del Regimiento 7° de Caballería,
> don Adolfo Drury, con una partida de soldados de línea
> e indios amigos. Dicho oficial, después de avanzar siete
> leguas del punto de que había sido desprendido, se en-
> cuentra de improviso en las llanuras de Apulé con 380
> a 400 indios; desprende chasque urgente a aquel jefe
> dándole cuenta de lo ocurrido y comunicándole que
> se disponía a cargar a la indiada, pues temía que huyera
> con la chusma y hacienda. La partida del capitán Drury
> era muy pequeña, pues se componía de 15 soldados
> del Regimiento 7° y 10 indios amigos; sin embargo, es-
> te arrojado oficial, carga decididamente acompañado
> de los bravos soldados del 7° y se apodera en el primer
> momento de toda la chusma de los indios, que consis-
> tía en 1000 personas, más o menos.
>
> En ese momento siente un fuerte fuego de fusilería
> que se rompe sobre él y que le ocasiona 11 bajas, sien-
> do todas ellas de los soldados de línea. Eran los tehuel-
> ches los que habían roto el fuego sobre el capitán Drury.
>
> Desde ese momento se traba un combate terrible en-
> tre el diminuto número de nuestros valientes veteranos

y la numerosa indiada, la que en sus cargas consiguió
rescatar su chusma y hacerla huir. Nuestros bravos se
defendieron con esa valentía con que lo hacen en todos
los momentos difíciles. Y ciertamente que su situación
era terrible, pues el comandante Palacios, a pesar de
marchar en su protección reventando caballos, tardó
tres horas en llegar al lugar donde se batían con desesperación el bravo oficial y sus soldados.

Los salvajes, al ser atacados por la columna del comandante Palacios, huyeron, dispersándose en todas
direcciones, pero dejando en aquel teatro de tan heroica lucha más de 80 cadáveres. Por nuestra parte hubo
un sargento muerto de los indios auxiliares y el capitán
Drury y 12 soldados heridos.

Este libro se terminó de imprimir en el mes
de mayo de 2005 en Color Efe,
Paso 192, (1870) Avellaneda,
República Argentina.